心一堂術數古籍珍本叢刊

書名：批注地理辨正再辨直解合編（上）
系列：心一堂術數古籍珍本叢刊 第二輯 堪輿類 201
作者：【清】蔣大鴻原著、【清】姚銘三再註、【清】章仲山直解
主編、責任編輯：陳劍聰
心一堂術數古籍珍本叢刊編校小組：陳劍聰 素聞 梁松盛 鄒偉才 虛白盧主

出版：心一堂有限公司
地址/門市：香港九龍旺角西洋菜南街五號好望角大廈一〇〇三室
電話號碼：+852-6715-0840 +852-6633-7949
網址：sunyata.cc
網上書店：http://book.sunyata.cc
電郵：sunyatabook@gmail.com
publish.sunyata.cc
網上論壇：http://bbs.sunyata.cc/

版次：二零一七年十月初版
平裝：兩冊不分售

定價：港幣 五百八十元正
新台幣 二千二百元正

國際書號：ISBN 978-988-8317-89-9

版權所有 翻印必究

香港及海外發行：香港聯合書刊物流有限公司
地址：香港新界大埔汀麗路三十六號中華商務印刷大廈三樓
電話號碼：+852-2150-2100
傳真號碼：+852-2407-3062
電郵：info@suplogistics.com.hk

台灣發行：秀威資訊科技股份有限公司
地址：台灣台北市內湖區瑞光路七十六巷六十五號一樓
電話號碼：+886-2-2796-3638
傳真號碼：+886-2-2796-1377
網絡書店：www.bodbooks.com.tw
台灣讀者服務中心：國家書店
地址：台灣台北市中山區松江路二〇九號一樓
電話號碼：+886-2-2518-0207
傳真號碼：+886-2-2518-0778
網絡書店：http://www.govbooks.com.tw/

中國大陸發行・零售：心一堂書店
深圳地址：中國深圳羅湖立新路六號東門博雅負一層零零八號
電話號碼：+86-755-8222-4934
北京地址：中國北京東城區雍和宮大街四十號
心一店淘寶網：http://sunyatacc.taobao.com

心一堂術數古籍 珍本 整理 叢刊 總序

術數定義

術數,大概可謂以「推算(推演)、預測人(個人、群體、國家等)、事、物、自然現象、時間、空間方位等規律及氣數,並或通過種種『方術』,從而達致趨吉避凶或某種特定目的」之知識體系和方法。

術數類別

我國術數的內容類別,歷代不盡相同,例如《漢書・藝文志》中載,漢代術數有六類:天文、曆譜、五行、蓍龜、雜占、形法。至清代《四庫全書》,術數類則有:數學、占候、相宅相墓、占卜、命書、相書、陰陽五行、雜技術等,其他如《後漢書・方術部》、《藝文類聚・方術部》、《太平御覽・方術部》等,對於術數的分類,皆有差異。古代多把天文、曆譜、及部分數學均歸入術數類,而民間流行亦視傳統醫學作為術數的一環;此外,有些術數與宗教中的方術亦往往難以分開。現代民間則常將各種術數歸納為五大類別:命、卜、相、醫、山,通稱「五術」。

本叢刊在《四庫全書》的分類基礎上,將術數分為九大類別:占筮、星命、相術、堪輿、選擇、三式、讖諱、理數(陰陽五行)、雜術(其他)。而未收天文、曆譜、算術、宗教方術、醫學。

術數思想與發展——從術到學,乃至合道

我國術數是由上古的占星、卜筮、形法等術發展下來的。其中卜筮之術,是歷經夏商周三代而通過「龜卜、蓍筮」得出卜(筮)辭的一種預測(吉凶成敗)術,之後歸納並結集成書,此即現傳之《易

經》。經過春秋戰國至秦漢之際，受到當時諸子百家的影響、儒家的推崇，遂有《易傳》等的出現，原本是卜筮術書的《易經》，被提升及解讀成有包涵「天地之道（理）」之學。因此，《易·繫辭傳》曰：「易與天地準，故能彌綸天地之道。」

漢代以後，易學中的陰陽學說，與五行、九宮、干支、氣運、災變、律曆、卦氣、讖緯、天人感應說等相結合，形成易學中象數系統。而其他原與《易經》本來沒有關係的術數，如占星、形法、選擇，亦漸漸以易理（象數學說）為依歸。《四庫全書·易類小序》云：「術數之興，多在秦漢以後。要其旨，不出乎陰陽五行，生剋制化。實皆《易》之支派，傳以雜說耳。」至此，術數可謂已由「術」發展成「學」。

及至宋代，術數理論與理學中的河圖洛書、太極圖、邵雍先天之學及皇極經世等學說給合，通過術數以演繹理學中「天地中有一太極，萬物中各有一太極」（《朱子語類》）的思想。術數理論不單已發展至十分成熟，而且也從其學理中衍生一些新的方法或理論，如《梅花易數》、《河洛理數》等。

在傳統上，術數功能往往不止於僅作為趨吉避凶的方術，及「能彌綸天地之道」的學問，亦有其「修心養性」的功能，「與道合一」（修道）的內涵。《素問·上古天真論》：「上古之人，其知道者，法於陰陽，和於術數。」數之意義，不單是外在的算數、歷數、氣數，而是與理學中同等的「道」、「理」--心性的功能，北宋理氣家邵雍對此多有發揮：「聖人之心，是亦數也」、「萬化萬事生乎心」、「心為太極」。《觀物外篇》：「先天之學，心法也。……蓋天地萬物之理，盡在其中矣，心一而不分，則能應萬物。」反過來說，宋代的術數理論，受到當時理學、佛道及宋易影響，認為心性本質上是等同天地之太極。天地萬物氣數規律，能通過內觀自心而有所感知，即是內心也已具備有術數的推演及預測、感知能力；相傳是邵雍所創之《梅花易數》，便是在這樣的背景下誕生。

《易·文言傳》已有「積善之家，必有餘慶；積不善之家，必有餘殃」之說，至漢代流行的災變說及讖緯說，我國數千年來都認為天災，異常天象（自然現象），皆與一國或一地的施政者失德有關；下

至家族、個人之盛衰，也都與一族一人之德行修養有關。因此，我國術數中除了吉凶盛衰理數之外，人心的德行修養，也是趨吉避凶的一個關鍵因素。

術數與宗教、修道

在這種思想之下，我國術數不單只是附屬於巫術或宗教行為的方術，又往往是一種宗教的修煉手段——通過術數，以知陰陽，乃至合陰陽（道）。「其知道者，法於陰陽，和於術數。」例如，「奇門遁甲」術中，即分為「術奇門」與「法奇門」兩大類。「法奇門」中有大量道教中符籙、手印、存想、內煉的內容，是道教內丹外法的一種重要外法修煉體系。甚至在雷法一系的修煉上，亦大量應用了術數內容。此外，相術、堪輿術中也有修煉望氣（氣的形狀、顏色）的方法；堪輿家除了選擇陰陽宅之吉凶外，也有道教中選擇適合修道環境（法、財、侶、地中的地）的方法，以至通過堪輿術觀察天地山川陰陽之氣，亦成為領悟陰陽金丹大道的一途。

易學體系以外的術數與的少數民族的術數

我國術數中，也有不用或不全用易理作為其理論依據的，如揚雄的《太玄》、司馬光的《潛虛》。也有一些占卜法、雜術不屬於《易經》系統，不過對後世影響較少而已。

外來宗教及少數民族中也有不少雖受漢文化影響（如陰陽、五行、二十八宿等學說。）但仍自成系統的術數，如古代的西夏、突厥、吐魯番等占卜及星占術，藏族中有多種藏傳佛教占卜術、苯教占卜術、擇吉術、推命術、相術等；北方少數民族有薩滿教占卜術；不少少數民族如水族、白族、布朗族、佤族、彝族、苗族等，皆有占雞（卦）草卜、雞蛋卜等術，納西族的占星術、占卜術，彝族畢摩的推命術、占卜術……等等，都是屬於《易經》體系以外的術數。相對上，外國傳入的術數以及其理論，對我國術數影響更大。

曆法、推步術與外來術數的影響

我國的術數與曆法的關係非常緊密。早期的術數中，很多是利用星宿或星宿組合的位置（如某星在某州或某宮某度）付予某種吉凶意義，并據之以推演，例如歲星（木星）、月將（某月太陽所躔之宮次）等。不過，由於不同的古代曆法推步的誤差及歲差的問題，若干年後，其術數所用之星辰的位置，已與真實星辰的位置不一樣了；此如歲星（木星），早期的曆法及術數以十二年為一周期（以應地支），與木星真實周期十一點八六年，每幾十年便錯一宮。後來術家又設一「太歲」的假想星體來解決。又如六壬術中的「月將」，原是立春節氣後太陽躔娵訾之次而稱作「登明亥將」，至宋代，因歲差的關係，要到雨水節氣後太陽才躔娵訾之次，當時沈括提出了修正，但明清時六壬術中「月將」仍然沿用宋代沈括修正的起法沒有再修正。

由於以真實星象周期的推步術是非常繁複，而且古代星象推步術本身亦有不少誤差，大多數術數除依曆書保留了太陽（節氣）、太陰（月相）的簡單宮次計算外，漸漸形成根據干支、日月等的各自起例，以起出其他具有不同含義的眾多假想星象及神煞系統。唐宋以後，我國絕大部分術數都主要沿用這一系統，也出現了不少完全脫離真實星象的術數，如《子平術》、《紫微斗數》、《鐵版神數》等。後來就連一些利用真實星辰位置的術數，如《七政四餘術》及選擇法中的《天星選擇》，也已與假想星象及神煞混合而使用了。

隨着古代外國曆（推步）、術數的傳入，如唐代傳入的印度曆法及術數，元代傳入的回回曆等，其中我國占星術便吸收了印度占星術中羅睺星、計都星等而形成四餘星，又通過阿拉伯占星術而吸收了其中來自希臘、巴比倫占星術的黃道十二宮、四大（四元素）學說（地、水、火、風），並與我國傳統的二十八宿、五行說、神煞系統並存而形成《七政四餘術》。此外，一些術數中的北斗星名，不用我國傳統的星名：天樞、天璇、天璣、天權、玉衡、開陽、搖光，而是使用來自印度梵文所譯的：貪狼、巨

門、祿存、文曲、廉貞、武曲、破軍等，此明顯是受到唐代從印度傳入的曆法及占星術所影響。如星命術中的《紫微斗數》及堪輿術中的《撼龍經》等文獻中，其星皆用印度譯名。及至清初《時憲曆》，置閏之法則改用西法「定氣」。清代以後的術數，又作過不少的調整。

此外，我國相術中的面相術、手相術，唐宋之際受印度相術影響頗大，至民國初年，又通過翻譯歐西、日本的相術書籍而大量吸收歐西相術的內容，形成了現代我國坊間流行的新式相術。

陰陽學——術數在古代、官方管理及外國的影響

術數在古代社會中一直扮演着一個非常重要的角色，影響層面不單只是某一階層、某一職業、某一年齡的人，而是上自帝王，下至普通百姓，從出生到死亡，不論是生活上的小事如洗髮、出行等，大事如建房、入伙、出兵等，從個人、家族以至國家，從天文、氣象、地理到人事、軍事，從民俗、學術到宗教，都離不開術數的應用。我國最晚在唐代開始，已把以上術數之學，稱作陰陽（學），行術數者稱陰陽人。（敦煌文書、斯四三二七唐《師師漫語話》：「以下說陰陽人謾語話」，此說法後來傳入日本，今日本人稱行術數者為「陰陽師」）。一直到了清末，欽天監中負責陰陽術數的官員中，以及民間術數之士，仍名陰陽生。

古代政府的中欽天監（司天監），除了負責天文、曆法、輿地之外，亦精通其他如星占、選擇、堪輿等術數，除在皇室人員及朝庭中應用外，也定期頒行日書、修定術數，使民間對於天文、日曆用事吉凶及使用其他術數時，有所依從。

我國古代政府對官方及民間陰陽學及陰陽官員，從其內容、人員的選拔、培訓、認證、考核、律法監管等，都有制度。至明清兩代，其制度更為完善、嚴格。

宋代官學之中，課程中已有陰陽學及其考試的內容。（宋徽宗崇寧三年〔一一零四年〕崇寧算學令：「諸學生習……並曆算、三式、天文書。」「諸試……三式即射覆及預占三日陰陽風雨。天文即預

定一月或一季分野災祥，並以依經備草合問為通。」

金代司天臺，從民間「草澤人」（即民間習術數人士）考試選拔：「其試之制，以《宣明曆》試推步，及《婚書》、《地理新書》試合婚、安葬，並《易》筮法，六壬課、三命、五星之術。」（《金史》卷五十一‧志第三十二‧選舉一）

元代為進一步加強官方陰陽學對民間的影響、管理、控制及培育，除沿襲宋代、金代在司天監掌管陰陽學及中央的官學陰陽學課程之外，更在地方上增設陰陽學教授員，培育及管轄地方陰陽人。（《元史‧選舉志一》：「（元仁宗）延祐初，令陰陽人依儒醫例，於路、府、州設教授員，凡陰陽人皆管轄之，而上屬於太史焉。」）自此，民間的陰陽術士（陰陽人），被納入官方的管轄之下。

至明清兩代，陰陽學制度更為完善。中央欽天監掌管陰陽學，明代地方縣設陰陽學正術，各州設陰陽學典術，各縣設陰陽學訓術。陰陽人從地方陰陽學肆業或被選拔出來後，再送到欽天監考試。（《大明會典》卷二二三：「凡天下府州縣舉到陰陽人堪任正術等官者，俱從吏部送（欽天監），考中，送回選用；不中者發回原籍為民，原保官吏治罪。」）清代大致沿用明制，凡陰陽術數之流，悉歸中央欽天監及地方陰陽官員管理、培訓、認證。至今尚有「紹興府陰陽印」、「東光縣陰陽學記」等明代銅印，及某某縣某某之清代陰陽執照等傳世。

清代欽天監漏刻科對官員要求甚為嚴格。《大清會典》「國子監」規定：「凡算學之教，設肄業生。滿洲十有二人，蒙古、漢軍各六人，於各旗官學內考取。漢十有二人，於舉人、貢監生童內考取。附學生二十四人，由欽天監選送。教以天文演算法諸書，五年學業有成，舉人引見以欽天監博士用，貢監生童以天文生補用。」學生在官學肄業、貢監生肄業或考得舉人後，經過了五年對天文、算法、陰陽學的學習，其中精通陰陽術數者，會送往漏刻科。而在欽天監供職的官員，《大清會典則例》「欽天監」規定：「本監官生三年考核一次，術業精通者，保題升用。不及者，停其升轉，再加學習。如能黽

勉供職，即予開復。仍不及者，降職一等，再令學習三年，能習熟者，准予開復，仍不能者，黜退。

《大清律例‧一七八‧術七‧妄言禍福》：「凡陰陽術士，不許於大小文武官員之家妄言禍福，違者杖一百。其依經推算星命卜課，不在禁限。」大小文武官員延請的陰陽術士，自然是以欽天監漏刻科官員或地方陰陽官員為主。

　　官方陰陽學制度也影響鄰國如朝鮮、日本、越南等地，一直到了民國時期，鄰國仍然沿用着我國的多種術數。而我國的漢族術數，在古代甚至影響遍及西夏、突厥、吐蕃、阿拉伯、印度、東南亞諸國。

術數研究

　　術數在我國古代社會雖然影響深遠，「是傳統中國理念中的一門科學，從傳統的陰陽、五行、九宮、八卦、河圖、洛書等觀念作大自然的研究。……傳統中國的天文學、數學、煉丹術等，要到上世紀中葉始受世界學者肯定。可是，術數還未受到應得的注意。術數在傳統中國科技史、思想史、文化史、社會史，甚至軍事史都有一定的影響。更進一步了解術數，我們將更能了解中國歷史的全貌。」（何丙郁《術數、天文與醫學中國科技史的新視野》，香港城市大學中國文化中心。）

　　可是術數至今一直不受正統學界所重視，加上術家藏秘自珍，又揚言天機不可洩漏，「（術數）乃吾國科學與哲學融貫而成一種學說，數千年來傳衍嬗變，或隱或現，全賴一二有心人為之繼續維繫，賴以不絕，其中確有學術上研究之價值，非徒癡人說夢，荒誕不經之謂也。其所以至今不能在科學中成立一種地位者，實有數因。蓋古代士大夫階級目醫卜星相為九流之學，多恥道之；而發明諸大師又故為恍惚迷離之辭，以待後人探索；間有一二賢者有所發明，亦秘莫如深，既恐洩天地之秘，復恐譏為旁門左道，始終不肯公開研究，成立一有系統說明之書籍，貽之後世。故居今日而欲研究此種學術，實一極困難之事。」（民國徐樂吾《子平真詮評註》，方重審序）

現存的術數古籍，除極少數是唐、宋、元的版本外，絕大多數是明、清兩代的版本。其內容也主要是明、清兩代流行的術數，唐宋或以前的術數及其書籍，大部分均已失傳，只能從史料記載、出土文獻、敦煌遺書中稍窺一鱗半爪。

術數版本

坊間術數古籍版本，大多是晚清書坊之翻刻本及民國書賈之重排本，其中豕亥魚魯，或任意增刪，往往文意全非，以至不能卒讀。現今不論是術數愛好者，還是民俗、史學、社會、文化、版本等學術研究者，要想得一常見術數書籍的善本、原版，已經非常困難，更遑論如稿本、鈔本、孤本等珍稀版本。

在文獻不足及缺乏善本的情況下，要想對術數的源流、理法、及其影響，作全面深入的研究，幾不可能。

有見及此，本叢刊編校小組經多年努力及多方協助，在海內外搜羅了二十世紀六十年代以前漢文為主的術數類善本、珍本、鈔本、孤本、稿本、批校本等數百種，精選出其中最佳版本，分別輯入兩個系列：

一、心一堂術數古籍珍本叢刊
二、心一堂術數古籍整理叢刊

前者以最新數碼（數位）技術清理、修復珍本原本的版面，更正明顯的錯訛，部分善本更以原色彩色精印，務求更勝原本。并以每百多種珍本、一百二十冊為一輯，分輯出版，以饗讀者。

後者延請、稿約有關專家、學者，以善本、珍本等作底本，參以其他版本，古籍進行審定、校勘、注釋，務求打造一最善版本，方便現代人閱讀、理解、研究等之用。

限於編校小組的水平，版本選擇及考證、文字修正、提要內容等方面，恐有疏漏及舛誤之處，懇請方家不吝指正。

心一堂術數古籍　珍本　叢刊編校小組
二零零九年七月序
二零一四年九月第三次修訂

蔣杜陵先生原本

雲間

桐鄉姚銘三先生而註
錫山章仲山先生參閱

地理辨正再

辨直解

文光堂藏板

心一堂術數古籍珍本叢刊 堪輿類

序

此書四本係蔣平階原本
姚銘山再注
草仲山參閱

蔣平階撰

通三才之道曰儒故天官地理皆學士
家窮理之本業而象緯之學正三統測
災祥屬有國家者之事獨地理為養生
送死生民日用所急孝子慈孫尤不可
以不謹朱儒朱蔡諸賢間有發明見於
性理書中者班班可玫顧僅能玫陳梗

纍而未究其精微或者。進而求之通都
所布管郭諸書雖其言鑑鑑而丟之逾
遠斯其爲道顯而隱誠所謂間世一出
非人不傳者耶余少失恃壯失怙先大
父安溪公早以形家之書孜孜手授久
而右知俗學之非也思窮徑絕迺得無
極子之傳于游方之外習其所傳又十
年所於是遠溯黃石青鳥近考青田蕘

心一堂術數古籍珍本叢刊 堪輿類

講彼其言蓋人入殊而厭言則一旦

天下山川土壤雖大荒內外亦如一山也

其庶乎地學之正宗在是輒欲舉其說

以告學者又不容顯言無已則惟當世

相傳之書訂其紕繆而析其是非使言

之者無罪而聞之者有所懲戒而不至

於亂辨正之書所以作也夫地學之有

書始於黃石盛於楊公而世所惑溺而

不可卒解者則莫甚於玉尺故論斷諸
書彙爲一編其爼豆之與爰書皆以云
救也于姜諸子問業曰八經史之眼旁
及此編豈好事哉我得此道以釋憾於
我親從我游者皆有親也姜氏習是編
而遽梓之以公世其又爲天下後世之
有親者加之意歟充哉儒者之用心也
已

辨僞原文

僕弱冠失恃先大父安溪公命習地理之學求之十年而始得其傳乃以所傳徧證之大江南北古今名墓又十年而始會其盲從此益精求之又十年而始窮其變而我年則已老矣姚水親隴吉成生平學地之志已畢自此不復措意夫豈不欲傳之其人然天律有禁不得

妄傳苟非忠信廉潔之人未許與聞一

二也丹陽張孝廉仲馨丹徒駱孝廉士

鵬山陰呂文學相烈會稽姜公子垚武

陵胡公子泰徵淄川畢解元世持昔以

文章行業相師因得略聞梗槩此諸君

子或丹穴鳳雛或青春鶚薦皆自置甚

高不可一世蓋求其道以庇本根非挾

其術以爲壟斷故能三緘其口不漏片

言席幾不負僕之講求爾若夫中人以

下走四方求衣食者僕初未嘗不憐之

然欲冒禁而傳眞道則未敢許也至於

僕之得傳有訣無書以此事貴在心傳

非可言罄古書充棟半屬僞造故有辨

正一書昌言救世後復自言所得作天

元五歌然皆莊蒙所謂糟粕必求其精

微則亦不在此也此外別無秘本私爲

一家之書近聞三吳兩浙都有自稱得
僕真傳以自衒驚者亦有自撰偽書指
爲僕之秘本以瞽惑後學者天地之大
何所不容但恐偽託之人心術鮮正以
不正之術謀人身家必誤人之身家以
不正之書傳之後世必貽禍於後世僕
不忍不辨惟有識者察之
華亭蔣平階大鴻氏敬告

序

伊古王繼帝帝繼皇有聖人出而不

封不樹者孟氏曰耳目之欲有命則

達人知命不問可也余幼好習星命

憶先君載文公之訓曰談星命者古

鮮名家至於地理皆從易中而出將

然可發不習於可玆之學而習於無

稽之說。安能豁然心目間哉。而初看

三合諸書。覺其論支離。繼參辨正才

辨正。始能漸遣精微。故習地理之由。

餘年。毫無摸捉後即參之義。經証諸

非為售技也。自悟以來。不與人壟斷。

并不以之示人其所言者乃天地之

寶符。凡寶貴重。何況天地之寶非其

人而奚敢輕授也蔣君因俗師惑人。
以辨正一書救之。無如莫能解僅假
其書之名而爲欺世之技。余既不忍
坐視特爲之再辨。逐節加註便學者
之研閱且其理無二。不必自成一家
之書也然苟陰陽之道能探精蘊則
雖在屠販亦可名追楊曾不知元玄妙。

而妄論害人。兼以自害則雖吐屬名

售無非偽學。今分此書爲三帙以符

青囊之始機成三卷惟即易中發明

一二。此外別無他書云。

嘗

嘉慶十七年歲次壬申孟春上元日

桐郷姚銘三識

叙 名

大元空五行之法始於晉盛於唐一

時著書立說者類足為言理言氣之

祖自宋以降其法稍稍失傳於是諸

法雜出各持一說以為求食之藉而

僞者日益盛眞者日益失矣惟

國初蔣大鴻先生獨得無極眞傳將

世俗諸書辨是非定眞偽成地理辨

正一書自此書出而天玉青囊之奧

錯綜變化之機陰陽動靜之理向之

失傳巳經六七百年由先生一朝大

聲疾呼發聾振瞶說掃百家而道濟

一世豈非參天地關盛衰大有功於

生民者乎無何一法始出百獎叢生

今去先生未久。而著書立說者又幾
於汗牛而充棟矣。彼其說之率逞胸
臆而顯與先生背者無論。即或有奉
先生之教取先生之書句疏字櫛張
皇補苴行且自詡為功臣為靜子矣。
乃究其說之所以然。與先生書不啻
毫釐千里之謬於戲百年之近已錯

亂至此。愚恐愈久而愈差也。不揣固
陋杜撰直解不求字句之工但期學
者之易曉耳。然終望博雅君子愛我
者幸教我以不逮焉。
道光元年仲春之朔無心道人識於
千墨菴

吳縣趙光照書

跋岷州

蔣大鴻先生辨正一書闡河洛之奧陰陽消息錯綜變
化之機明且暢矣上攷管郭楊曾降及青田幕講道同
一貫實地學理氣之正宗雖間有隱而未發之詞而天
玉青囊之所以然則又瞭如指掌無何百餘年來讀者
猶昧其解是其所是非其所非師師相傳口口相授而
辨正之旨反日益晦豈乎不善讀青囊天玉寶照諸書
而誤會其用者皆楊曾之罪人也不善讀辨正一書而
妄謂得傳以自誤而誤人者又蔣公之罪人也無錫章
君仲山獨悟眞詮熟推生尅制化之用吉凶消長之理

神明其道于大江南北巳三十年爰依辨正引伸其說

成直解若干卷自號曰無心道人殆深有得天地造化

之所以然而于元空之秘則幾乎洩矣一時交好吳巢

松太史罪健堂司馬輩皆聳恿付梓以公諸世則是書

之出又大有功于地理之學亦猶蔣公辨僞諸篇不憚

辭費以抹世之深心也余與訂交已久頃來相遇維揚

適貝君儕香陳君悃生柯君遠峰自吳門爲校刊方竣

用附數言于後禪當世欲聞斯道者知所取信焉

道光元年四月武進李述來紹衣甫跋于邗江寓館

批注地理辨正再辨直解合編

建曰地理辨

正四卷一言

以箴之日時

運

地理辨正增再辨直解目錄

二一

卷之五

都天寶照經補傳增補蔣養篈解

平砂玉尺辨偽

平砂玉尺說 民國庚申年六月初八日建庚持立

以卦爻純雜分真假夫婦說

以卦純雜分真假夫婦謂取一卦之爻為夫婦則純而真取兩卦之爻為夫婦則雜而假如天玉經卷三第十三葉第二板二行共路兩神為夫婦認取真神路注云異巳為真夫婦乎亦真夫婦〔此句與寶照卷四第十六葉辰戌丑未地元龍乾坤艮巽夫婦宗二句同類〕若巳而不得為真夫婦矣其他微此云云是也以爻純雜分真假夫婦謂取三爻之兩為夫婦其氣同者則純而真其氣異者則雜而假如寶照經卷四六十七葉十六行支若載干為夫婦干若帶支是鬼龍子癸為吉壬子凶三字真假在其中注云只就子癸壬子一宮為例其真其假三字之中迥然差別云云足以

天尊地卑
同途　補注一六坤
　　巽也坎也艮也屬水二
八離震也屬火○
兌乾也也屬金五十○
五合十也屬土坤巽合○
離注二三四運主入○
坎震乾主六七八九
運凡龍為水對宝○
與卦主九運之法○
興水對主要黃宝○
也朱子曰地主静○
到五便何那一三
三四遇便何那一
成天七八九五帝自対

地理辨正再辨直解合編

雲間蔣氏平階補傳　門人　會稽姜　垚辨正

桐鄉姚銘三　再註　　無心道人增補　直解

青囊經　授赤松子述義

上卷篇邱氏作堪輿錄原文作于逃義
古文作堪輿錄原今具削之

經曰天尊地卑陽奇陰偶耦一六共宗二七同道三八爲

朋四九爲友五十同途闢闔奇偶五兆生成流行終始

八體宏布子母分施天地定位山澤通氣雷風相薄水

火不相射中五立極臨制四方背一面九三七居旁二

五成中此承河圖一起
和二起如黃筆一對如二
對八之文也
天地定位の日上論
參伍此論對待先天
八卦彖不对對於不平四
卦彖彖不对對曰山
与水相水对水對与水者
是其龍印兩卦
由定由之無形為天地
之始

補注

地附氣此之謂化始

傅曰此篇以無形之氣為天地之始而推原道之所
從來也夫陽氣屬天而實兆於地之中聖人作易以
明天地之道皆言陰陽之互為其根者而已天高而
尊地下而卑然尊者有下濟之德卑者有上行之義
一陰一陽奇一耦其數參伍所以齊一其形對待
所以往來天地之匡廓由此而成四時之代謝由此

於剛陰德宏濟陽德順昌是故陽本陰陰育陽天依形
八四六縱橫紀綱陽以相陰陰以含陽陽生於陰柔生

河圖

金木水火

河圖
一六二
七三八四九
五十合洛書
一九二八三
七四六對待
之圖

一三五七九
爲天數二十四
二四六八十
爲地數三十
有五地之數
十天五地之數
五十有五此
所以成變化

而運萬物之化育由此而胚夫此陰陽奇耦之道隨

與一物無不有之天地無心聖人無意自然流露而

顯其象於河圖遂有一六共宗二七同道三八爲朋

四九爲友五十同途之象聖人因其象而求其義以

奇者屬陽而有天一天三天五天七天九之名以耦

者屬陰而有地二地四地六地八地十之名而有一

必有二有三必有四有五必有六有七必有八有九

必有十所謂參伍之數也此一彼二此三彼四此五

彼六此七彼八此九彼十所謂對待之形也天數與

河圖五位相得圖

蔣注　參伍謂參伍少卦圖
七伍三五八伍四五九是也

蔣注　對待謂對待少卦圖
对待謂中三五四九对

地數各得其五此謂一成之數而百千萬億無窮之

數由此而推也天數地數各得其五合二五而成十

蓋有五即有十猶有一即有二陰陽自然之道也故

有天之一即有地之六有地之二即有天之七有天

之三即有地之八有地之四即有天之九有天之五

即有地之十此陰陽之數以參伍而齊一者也易曰

五位相得蓋此謂也而一六在下則二七必在上三

八在左則四九必在右五居中則十亦居中此陰陽

之數對待而往來者也易曰五位相得而各有合蓋

謂此也以其參伍而齊一故一奇一耦燦然而不爽

以其對待而往來故奇耦之間一闔一闢潛然而自

應此生成之所從出也天一生水而地六成之地二

生火而天七成之天三生木而地八成之地四生金

而天九成之天五生土而地十成之一生一成皆陰

陽交媾之妙二氣絪縕而五行兆焉降於九天之上

升於九地之下周流六虛無有休息始而終終而復

始無一息不流行則無一息不交媾當其無而其體

渾然已成當其有而其體秩然有象聖人因河圖之

蔣平階傳

卷之七

青囊經補註

坤艮坎巽震離兌乾

少陽太陰

太陽少陰

象數而卦體立焉夫河圖止有四象而卦成八體者

何也蓋一畫成爻爻者交也太始之氣止有一陽〇

是名太陽一太陽一變而成太陰一是曰兩儀太陰

太陽再交而成少陰二少陽二并太陰二太陽二是

曰四象此河圖之顯象也四象三爻而成八卦三曰

乾三曰兌三曰離三曰震三曰巽三曰坎三曰艮三曰

曰坤蓋即河圖每方二數析之則有八此河圖之象

隱而顯者也故卦之入由於四象爻之三由於三交

乾坤二卦爲母六卦爲子此八卦之子母也諸卦自

論八卦本爻之體

眉注

諸卦自乾坤出如三男
之卦内三爻皆乾坤之
之卦皆自乾坤來三男
八卦内三爻皆乾別以陰
三爻者卦之外三爻爲
紗子母之源流不可不知也

圖四十八局

坎六艮七坤八
離三震四巽五
之乾爲天
兌爲澤
離爲火

之坤爲
此陰陽之

三三	三三	5 三三	三三
三三	三三	6 三三	
三三		7 三三	
三三	4 三三	8 三三	

爲母三爻爲子此一卦之子母也以此分施造化布
滿宇宙之間於是舉陽之乾爲天對以陰之坤爲地
謂之天地定位天覆於上則地載於下也此陰陽之
一變而成天地者也舉陽之艮爲山對以陰之兌爲
澤謂之山澤通氣山載於下則澤受於上也舉陽之
震爲雷對以陰之巽爲風謂之雷風相薄雷發於下
則風動於上也舉陽之坎爲水對以陰之離爲火謂
之水火不相射水火平衡形常相隔而情常相親也
此三陰三陽之各自爲交而生萬物者也先賢以此

臨注

此之下為黃泉土

洛書

為先天之卦伏羲所定本於龍馬負圖而作實則渾
沌初分天地開闢之象也四象虛中而成五位此中
五者即四象之交氣乾之真陽坤之真陰皆無形而
惟土有形此土之下為黃泉皆坤地積陰之氣此土
之上為清虛皆乾天積陽之氣而土膚之際平鋪如
掌乃至陰至陽乾坤交媾之處水火風雷山澤諸凡
天地之化機皆露於此故中五者入卦託體儲精成
形顯用之所也故河圖洛書同此中五以立極也河
圖雖有四象而先天陽升陰降上下初分未可謂之

位後天八卦方

坎一坤二震
乾巽四中五兌七艮
離九
三○入地
八四九五七二
始而復終
總而難
無端者也

三九

四方而中五立極而後四極劃然各正其方矣有四
方之正位而四維介於其間於是八方立焉統中五
皇極而為九分而布之一起正北二居西南三居正
東四居東南五復居中六居西北七居正西八居東
北九居正南謂之九疇此雖出於雒書而實與河圖
之數符合天地之理自然發現無不同也布其位曰
戴九履一左三右七二四為肩六八為足其八方之
位適與八方之數均齊聖人即以八卦隸之而次其
序曰坎一坤二震三巽四中五乾六兌七艮八離九

菁莪堂

卷之一

青囊經補註

此則四正四維不易之定位也數雖起一而用實首
震蓋成位之後少陽用事先天主天而後天主日元
子繼體代爻爲政也易曰帝出乎震齊乎巽相見乎
離致役乎坤說言乎兌戰乎乾勞乎坎成言乎艮一
二三四五六七八九者古今之禪代推移周而復始
者也震巽離坤兌乾坎艮者日月之出沒四時之氣
機運行遷謝循環無端者也先賢以此爲後天之卦
昔者大禹治水神龜出洛文王因之作後天之卦豈
伏羲畫卦之時未有雒書而大禹演疇之時未有後

天卦位耶竊以爲圖書必出於一時而先天後天卦
位亦定於一日伏羲但有卦爻而交王始繫之辭耳
河圖雒書非有二數先天後天非有二義也特先天之
之卦以陰陽之對待者言有彼此而無方隅後天之
卦以陰陽之流行者言則有方隅矣至其作卦之旨
要在於陰陽之互根則一也夫易之道貴陽賤陰則
陽當爲主而陰當爲輔而此云陽以相陰者何也蓋
陽之妙不在於陽而在於陰陰中之陽乃眞陽也故
陰爲之感而陽來應之似乎陰反爲君而陽反爲相

此篇申明洞圖雖書先天後天八卦之理而推原陽奇耦自然之陰太始無形之陽姤於一陽兩儀有四象有氣一陽有兩儀有有陰陽奇耦八有形陽奇耦八有無形陽奇耦有而後知方形而後知方形之氣消與長也於是知天非卵然者爲天也其

此經言神明之旨也然陽之所以來應乎陰者以陰中本自有之以類相從故來應耳豈非陰含陽乎陰含陽則能生陽矣一則發生之氣皆陽司之則皆陰出之者也剛柔即陰陽陰陽以氣言剛柔以質言易曰乾剛坤柔又曰剛柔相摩八卦相盪八卦之中皆有陰陽則皆有剛柔若以陽爲剛以陰爲柔則宜乎剛生於柔矣而乃云柔生於剛者何也無形之氣又剛而陰柔有形之質陰剛而陽柔則剛於有形之剛質又生無形之柔氣質生氣氣還生質故曰柔生於剛也

氣常依於有
形而無時不
下濟地非塊
然而其者爲
附於地也其
所以生而
所以生而天上
皆由此氣故物
曰化始

凡其所以能爲相助能爲包含生生不息如是者則

以陰之與陽蓋自有其德也惟陰之德能宏大夫陽

以濟陽之施故陽之德能親順夫陰以昌陰之化此

陰陽之妙以氣相感見於河圖雒書先後天之卦象

者如是則是則可以知天地之道矣天地之道陽常

本於陰而陰常能育陽故天非廓然空虛者爲天也

其氣常依於有形而無時不下濟地非塊然不動者

爲地也其形常附於元氣而無時不上升然則天之

氣常在地中而地之氣皆天之氣陰陽雖曰二氣止

一氣耳所以生天生地者此氣所以生萬物者此氣

故曰化始也

姚氏傳曰推原太始之初一氣無形天地有象天地

之有其象無形託體於有形而天地現由於氣象也

其清升濁降以有尊卑而濁能自降自卑濁中之有

其清有清則自降自卑清升其兆於濁而清則自升

自尊天地由此而成四時有紀蓋物所思源尊者之

濟於下卑者以行其上一陰一陽爲萬化之祖根也

夫凡物之有其必有所生雖生而無成與不生同其

必有所成雖成而無生成之而不成故無生則不能
於成無成則不能於生物之能成則物物皆生以生
繼生則生生不已而物物皆成此以清升成天陽生
其氣濁降成地陰成其形天地之成而五行兆焉萬
物育焉於是有陽之奇而必有陰之耦天地無心有
必顯露於象所以河圖之數其形對待參伍而齊於
一也一六共宗在下則二七同道必在於上三八為
朋在左則四九為友必在右五十同途則居之於中
奇數耦數各五合十一成以奇屬陽名天而耦屬陰

義□□□□　卷□

名地天地之數兩均奇耦由於參伍也五位相得各

合故對待往來自應奇耦之間一闔一闢而齊於一

也此一息周流而無終始休息其本無而自生其本。

無而自成以天地有生成之造化也聖人因河圖之

象析每方二數成卦有八夫鴻濛未判惟坎離水火

之氣情親故不相射震巽艮兌其清濁之已升降天

地之形欲顯六卦從乾而化坤卦之有萬象皆成所

以乾坤爲六卦之母諸卦三爻自爲母子虛中成位。

各自爲交分施造化乾陽有司運之機坤陰有發生

界之卦體立焉乾居於南坤居於北離排於東坎列
機皆有所儲精而顯其用也水火風雷山澤天地之
土而得臨制乾坤以此相見中五立以定四方四維
降交會在中天五生土地十成之土以居中化機託
而立其極由清升陰積於下濁降陽虛其上一升一
陰之離水火有功施既濟也中五立何坤地之育物
雲興於山澤需其上以能上行下受也以陽之坎對
與木動風生而雷發聲於下也以陽之艮對陰之兌
之質陰陽一變以定天地之位也以陽之震對陰之

於西。天一生水。老陰之愛。少男。少男戀母。兩意依依

艮棲西北。而地六成之。地二生火。火乃木。木偈水。

生巽位西南。而天七成之。天三生木。木火逼明其情。

自洽震位東北。而地八成之。地四生金。老陽愛少女。

之堅貞。少女感之。以此相親。兌倚東南。而天九成之。

二氣相交。所謂陰陽鍾情之妙也。其曰戴九履一。三

七左右。二四居上。六八在下。蓋因九疇。以皇極統中。

分布其位。合河圖之數。而數與方均齊。天一生水。以

一而起於正北也。故序次曰坎一。坤二。震三。巽四中

五乾六兌七艮八離九四正四維一定之位○聖人之

贊後天八卦符合洛書各成有位○爲天主宰相承贊

化終始循環少陽王曰代天爲政○日月之運氣機而

有春榮夏盛秋實冬藝之遷謝也○光華無微不至萬

物無處不生所以清陽之天行機儲精顯用於地陰

之生受陽之應以能含陽自應曰相陰之能以包含

陰中而自有其陽故以剛柔而喻之言天地之爲一

體也其陰爲剛質生於氣以陽爲剛氣乃柔物無形

於是質有生氣有氣生質故曰柔生於剛也○其陰之

薛注 卷上 青囊經補注

紫微天極七〇丹 補注

為德以能濟陽之施其陽之為德以能昌陰之化陽

本於陰而陽之能於自應陰之能於育其陽陽以應

陰之感天地之道分而為二為陰陽為對待合而為

一為交媾為其體其地不勤而天勤天勤而應地之

勤無形常依於有形有形附現於無形其一氣化象

於天地而天地始成於一氣也

中卷古文作天官篇邱氏作天元金
書稱郭氏作神契篇令削之

經曰天有五星地有五行天分星宿地列山川氣行於

地形麗於天因形察氣以立人紀紫微天極太乙之御

催官云溝天之忽由上
气以於地形震於天憎
仰觀著府察扰下之五
此是政是推原天文指
明起運之曲

有形為萬物
之母

君臨四正南面而治天市東宮少微西掖太微南垣旁
照四極四七為經五德為緯運斡坤與垂光乾紀七政
樞機流通終始地德上載天光下臨陰用陽朝陽用陰
應陰陽相見福祿永貞陰陽相乘禍咎踵門天之所臨
地之所盛形止氣蓄萬物化生氣感而應鬼福及人是
故天有象地有形上下相須而成一體此之謂化機

傳曰此篇以有形之象為天地之機而指示氣之所
從受也上文既明河圖洛書先天後天八卦之理聖
人作易之旨盡於此天地陰陽之道亦盡於此矣然

辛亥人／／青襄經補註

中五為皇極
為乾為純德五為器
福坤為離為坎為五
五艮為雜為震
稽疑其事為震
此謂九

聖人不自作易其四象八卦皆仰法於天故此篇專
指天象以為言夫易之八卦取象於地之五行而地
有五行實因天有五曜五曜凝精於上而五行流氣
於下天之星宿五曜之分光列象者也地之山川五
行之成形結撰者也故山川非列宿而常具列宿之
形觀其形之所呈即以知其氣之所禀夫有是形御
是氣物化自然初未及乎人事而聖人仰觀俯察人
紀從此立焉木為歲星其方為東其令為春其德為
仁火為熒惑其方為南其令為夏其德為禮土為鎮

木星近日則
遲遠日則疾
火星近日則
疾遠日則遲
土星平行無
遲疾金星水
星附日而行
此五星之大
概也天行一
日常一周三
百六十度日
亦一周而
此天不及
而天不及
一度積三百
六十日而與
天會月一
常不及天十
三度有奇不

星其方爲中央其令爲季夏其德爲信金爲太白其

方爲西其令爲秋其德爲義水爲辰星其方爲辰其

令爲冬其德爲智洪範九疇所謂敬用五事嚮用五

福五紀八政皇極庶徵皆自此出故聖人御世宰物

一天地之道也備言天體則有七政以司元化日月

五星是也有四垣以鎮四方紫微天市大微少微是

也有二十八宿以分布周天蒼龍七宿角亢氐房心

尾箕朱鳥七宿井鬼柳星張翼軫白虎七宿奎婁胃

昴畢觜參立武七宿斗牛女虛危室壁是也四垣卽

青囊經補註

及日十二度
有奇積二十
七日而與日
會積二十九
日而與天會
日之行歷始
終於冬至之
末　欽定新
丑初一度（即）
箕二度是也

四象七政郎陰陽五行之根本其樞在北斗而分之
四方為二十八宿故房虛昴星應日心危畢張應月
角斗奎井應歲星尾室觜翼應熒惑亢牛婁鬼應太
白箕壁參軫應辰星氐女胃柳應鎮星臨制其方各
一七政也渾天周匝雖云四方而已備八卦二十四
爻之象矣非經無以立極非緯無以嬗化一經一緯
真陰真陽之交道也交道維絡而後天之體環周而
固於外地之體結束而安於中此元氣之流行自然
而成器者也其始無始其終無終包羅六合入於無

此節中言無
形之氣不可
則有象現於
天者如日月五
可測矣不可
見之氣依
可測時即
天者如
形生而
形之形
生形之
生天地
即天地
而萬物
化焉
物生而
生化焉
之氣倆

間雖名陰陽一氣而已人能得此一氣則生者可以

管其生而死者可以管其死地理之道蓋人紀之一

端此端既立則諸政以次應之故聖人重其事其用

在地而必求端於天本其氣之所自來也然氣不可

見而形可見之氣雖寓於有可見之形者

氣之所成而即以載氣氣發於天而載之者地氣本

屬陽而載之者陰故有陰即有陽地得其所則天氣

歸之天地無時不交會陰陽無時不相見相見而得

其冲和之正則為福德之門相見而不得其冲和之

正即為相乘而名禍咎之根禍福殊塗所爭一間耳
足畏也且亦知星宿之所以麗於天山川之所以列
於地者乎天之氣無徃不在而日得天之陽精而恒
為日月得天之陰精而恒為月五曜得天五氣之精
而恒為緯至於四垣二十八宿眾星環列又得日月
五星之精而恒為經此則在天之有形者有以載天
之氣也地之氣無徃不在而山得日月五星之氣而
恒為山川得日月五星之氣而恒為川此則在地之
有形者有以載地之氣也列宿得天之氣而生於天

列宿與天爲一體也山川得地之氣而生於地山川
與地爲一體也萬物之生於天地何獨不然夫萬物
非能自生借天地之氣以生然天地非有意於生萬
物萬物自有地爲適與天地之氣相遇于窅冥恍惚
之中夫有所沾濡焉夫有所絪縕焉夫有所苞孕焉乃勃
然以生雨地理之道必使我所據之形足以納氣而
遂使天地之氣止而不去積之累之與物爲一必使我所據之地足
氣不我共則形與氣交而爲一必使我所據之地足
以承天而天不我隔則地與天交而爲一夫天地形

氣既合而爲一則所葬之骨亦與天地之氣爲一而
死魄生人氣脉灌輸亦無不一福應之來若機張審
括所謂化機也不然蓄之無門止之無術雖周天列
宿炳耀中天而我不蒙其照雖天地陽和滂流八表
而我不沾其澤天爲匡廓地爲稿壤骨爲連枏子孫
爲寄生我未見其獲福也可不慎哉可不慎哉

姚氏曰大地無私凡其所有則不藏其所有者惟氣
雖不藏而甚秘以氣之不可見所可見而皆形也曜
前星辰有形凝天之精山川有形成於地之五行列

宿星辰得曜之光江河諸山分開嶽瀆之脉而星宿

山川之有形御天地之一氣也上下相映氣象萬千

氣之所稟物之自化古聖人推原其道三才卓立於

斯焉夫天地無偏陰陽齊一物成於自然之理山川

動靜陰陽流露之形何以嶽有廣聚長雄麗農廣野

列於四方崑崙居之於中瀆惟渤漲青瀚嶽有其五

瀆止於四海之無中嶽多其一著無崑崙而有中海

必至嶽又少一豈非天地相偏陰陽之不齊乎蓋因

一氣之化其有天地陰陽而天地相配陰陽合化

由天地之配合也夫天地之不配合不合不化則萬
物無生無育此以歲星熒惑感太白辰星布之四位鎮
星居於中央日月五星共秉天政運行其間各有四
宿協應分施造化其天飾垣繞著龍七宿太微垣分
朱鳥七宿少崴垣匝白虎七宿紫微垣環玄武七宿
列宿布於四周臨制其方星宿得天之氣逛象於上
而四瀆滂流內峙五嶽山川得地之氣形呈於下二
十八宿璇外束天之氣地氣之收外綉萬水天地陰
陽之氣以其運化於中也所謂天有九星地有九宮

天地相齊故嶽瀆之不詎列而大禹演疇鑄九鼎分
九州其符合天地之大象也非經則坤母不育非緯
則乾父不生因天地配合陰陽相得所以山川其列
宿之形星宿按山川之分野此一氣上下往來無終
始無休息八荒遍及無微而不至地體得固於中氣
御有所萬象之形而能自成也天氣之流地地以載
有其氣物與類聚氣勤不藏託陰顯陽之用固然有
形皆陰坤為地乾陽之氣無形而無形之氣自來御
於有形者天氣本兆於地陽以下朝於陰陰有其形

成於無形之陽氣○陰陽之上應其陽○陰陽無時不相見○

故天覆其上○地載於下○天地陰陽之氣○上下交會著

生萬物○自化於天地之中○而人有其形得天地之氣○

為君子為小人○嘆浮生之倏忽也○氣歸於天○形沒於

地○物物歸原○於是天地之氣用之無盡○得此冲和之

雖在其形已死○在氣猶生者○以得管其生而春

正滿○乾坤物之不得而沾其形○既死惟朽而已○物之無

蒲○根枝本未有不枯者也○生者以致為寧生死禍福○

所爭見乘之一間○至於相乘乃物○非陰陽之相乘也○

其陰陽有自然之情以此嶽瀆江河諸山聚地之氣。

上行成天之象而曜宿星辰凝天之精下濟成地之

形緣天地之如此日月亦同之。月本無光日光與之

始明。日能與月之光。月能受日之光猶天之星宿地

之山川互相麗。氣現象託體顯機天道之法地地道。

之法。天其天地之共一氣也。蓋形之有氣之所爲形

以蓄氣骨乃氣之餘能同天地合之於一氣而禍及

後人者以子孫由於骨氣之出也。其曰陰德弘濟陽

德順昌又曰五德爲緯地德上載天地惟重於德能

天爲萬物之　地爲萬物之　之體萬物之　榮枯變化原　其終始都始　天而成乎地　地

心一堂術數古籍珍本叢刊　堪輿類

五六

乾□□經卷之一

二

體天地之道而天地必合其骨於一氣也上文以言

天地始成之道此篇詳明天象山川相應之理曰化機

下卷古文作叢辰篇

經曰無極而太極也理寓於氣氣面於形曰月星宿剛

氣上騰山川草木柔氣下凝資陽以昌用陰以成陽德

有象陰德有位地有四勢氣從八方外氣行形內氣止

生乘風則散界水則止是故順五兆用八卦排六甲布

八門推五運定六氣明地德立人道因變化原終始此

之謂化成

徐藍衣謂讀
青囊經具綱
領論陰陽五行
八卦之氣寓之於
地求之自天會尋
奧語分條目論
陰陽五行八卦
之氣方位既定
衰旺斯判

傳曰此篇申言形氣雖殊而其理則一示人以圓形
求氣為地理入用之準繩也易曰易有太極是生兩
儀太極者所謂象常之先先天地生能生天地萬化
之祖根也本無有物無象無數無方隅無往不在言
太極則無極可知後賢立說慮學者以太極為有物
故申言以明之曰無極而太極也大而天地細而萬
物莫不各有太極一太極一物全具一天地之
理人之太極物物皆具則地理之道思過半矣理
於氣氣一太極也氣囿於形形一太極也以至日月

星辰之剛氣上騰以剛中有太極故能上騰山川草
木之柔氣下凝以柔中有太極故能下凝資陽以昌
資之以太極也用陰以成用之以太極之所
顯露者謂之象而所宣布者謂之位地無四勢以太
極乘之而命之為四勢氣無八方以太極御之而命
之為八方勢與方者其象其氣而命之為勢為方者
其極極豈有定耶則勢與方亦豈有定耶四勢之中
各自有象則八方之中亦各自有氣然此諸方之氣
皆流行之氣因方成形只謂之外氣苟任其流行而

無止蓄則從八方而來者還從八方而去千山萬水僅供耳目之翫如傳舍如過客總不足以瀹發靈機滋荄元化必有為之內氣者焉所謂內氣非內所自有郎外來流行之氣於此乎止有此一止則八方之行形者皆招攝翁聚乎此是一止而無所不止於此而言大極乃為真太極矣無所不止則陽無所不陰無所不用而生生不息之道雄其中太極生兩儀兩儀生四象四象生八卦萬事萬物胚胎乎此前篇所謂形止氣蓄萬物化生盡謂此也然但言止而不

翁翁王聲盛貌出
周礼天官酒正注
盉猶翁也盛而不泄
然

四象生卦

申明所以止之義。恐世之審氣者莽然無所措手。故

舉氣之最大而流行無間者曰風曰水。夫風有氣而

無形。禀乎陽者也。水有形而兼有氣。禀乎陰者也。然

風禀乎陽。而陽中有陰焉。水禀乎陰。而陰中有陽焉。

二者皆行氣之物。氣之陽者。從風而行。氣之陰者。從

水而行。而行陽氣者反能散陽。以陽中有陰也。行陰

氣者反能止陽。以陰中有陽也。大塊之間。何處無風。

何處無水。風原不能散氣。所以噓之使散者。病在乎

乘。水原不能止氣。所以吸之使止者。妙在乎界。茍能

五運 詳載地理陰
陽合算橐卷
上第四葉五子分元
飛昂法內

八門即指
水口

排六甲佈八
門願之倒之
縱之橫之極
無定體隨時
而在者也

明乎乘與界之為義審氣以定太極之法概可知矣

上文反覆推詳皆泛言形氣之理至是乃實指地理

之用於是總括之全焉順五兆以五星之正變審象

也用八卦以八方之衰旺審位也排六甲以六甲之

紀年審運也布八門以八風之開闔審氣也地理之

氣以六氣之代謝審令也謹歲時以扶地理之橐籥

盡於此矣如是則太極不失其正而地德可明然聖

人之明地德也非徒邀福而已蓋地之五行得其順

則人之生也五德備其全而五常順其性聖賢豪傑

接踵而出而禮樂政刑無不就理豈非人道自此立

乎然此亦陰陽變化自然之妙雖有智者不能以私

意妄作夫亦深知其所以然因之而已夫卜地葬親

乃慎終之事而子孫之世澤皆出其中則人道之所

以終即為人道之所以始然則斯道也者聖人開物

成務無有大於此者也謂之化成宜哉

姚氏傅曰天地成象其有龍馬負圖繼之神龜出洛

而伏羲因之畫卦大禹由於演疇古聖人得明陰陽

疏惠迪昌從逆故曼作

之理以此養生治世其出天地示象之至德也而古
聖賢體天地之道著書傳流爲濟世之津梁其上二
篇言陰陽河洛五行先天後天八卦之旨巳盡此篇
復以形氣之理剖析言之而雖知出太極化天地處
人之詳其必有生太極之物首曰無極而太極也此
云大極之外則無他物矣而字遞下之意其天地山
川萬物以至毫髮千鈞莫不寓有於太極而曰月星
辰之運物之行止奔騰由圈有太極之如此其山川
之動靜草木之異姓兼於剛柔色味因寓有太極之

如此而剛陽之氣既巳土升爲天又能其資下施柔
陰之巳下降爲地得天之資復能昌陽之化顯用其
上以圜有太極之如此太極既化有象必宣布其位
無定無限無有不鑄無有不至爲之極以勢布方因
方成形太極之有所從依本無其勢亦無有其方以
太極之從依而爲之四勢八方所以四勢有象八方
各自有氣氣以成形之有以圜於氣氣之有其寓
於形形有氣之不寓非氣之我求由於形之不圜氣
自流行於外仍從八方而去形氣之無沾濡形亦虛

批注地理辨正再辨直解合編

具之爲形氣亦空自之爲氣胚胎之由而從何如輕
雲之出岩岫浮於青空任風移蕩飄之四散以供一
覽而已而形之能圍其氣氣亦寓之於內在八表之
行形其能招攝凝聚由斯陽濟於資陰顯其用以得
生生之妙而無休止矣旣然形之已圍其氣氣亦寓
之於內何以必水界則止蓋因自能流行且不可間
者風之與水二物皆能行氣天地陽和何時何處無
風無水苟無水之所界氣之雖寓於形而如過客夫
風中固然有陰其隹無形爲陽氣以從行風由木出

六五

太極也水之能卻御其風水中之有太極也形之能團

能界其氣實由可卻卻其風風之其能四散風中之有

由自止風自為風氣自為氣任風自來自去非水之

剋其情有賴有畏以水之吸其氣不從風而得自

水吸風之不能相撓者木賴水為託命復又畏金之

於金有形屬陰陰中而自有陽性勤沈靜有定氣得

之自欲如此以從輕浮之風亦是不常不定而水生

而風欲行必撓之隨氣從以不自由四散而去非氣

木枝周分為此風性輕浮不常不定以四散氣欲止

其氣形中之有太極也。所謂物物皆具有一太極也。

而定太極之法。盡於此下。明其用辨五星之象。或正

或變察八方之位。有生有剋排六甲以詳運之過未。

八風之來去無定。須審開闔之不一。推歲之五運定

時之六氣分其旺衰也。而陰陽相扶之妙。包括已全

矣。曰明地德。德為天地之所鍾此言明於太極之理。

小地如法其出英俊豪傑治世格物名垂天下後世

以昭為德之報立人道乃云人生於世間凡有所為

三才之道則相同。因變化者人死皆葬於地行德者。

後人繁衍爲賢爲宰由陰陽變化之妙原終始而天

地尚能化顯其後以揚其名有始終成全之德謂之
化成也

〔直解〕上卷推原無形之氣爲萬物生生之始中卷因
有形之象推測無形之氣一形一氣萬事萬物不能
逃其變化出其範圍此卷兼形兼氣并兼理而言實
指地理之用也斯理雖本洛書實則變易不一錯綜
無定隨氣運行隨時而在者也苟非師師相授雖窮
年皓首斷不能窺其巔末讀者莫輕視而忽之終

地理辨正再辨直解合編

牡陵蔣平階大鴻補註　門人

桐鄉姚銘三　再註

青囊序　唐曾求巳公安甫著

臨安于鴻儀較正

曾稽姜　垚　較正

無心道人增補　直解

楊公養老看雌雄天下諸書對不同。

雌雄者陰陽之別名乃不云陰陽而云雌雄者言陰

陽則陰自為陰陽自為陽疑乎對待之物互顯其情

者也故嘗言陰陽者必言雌雄觀雌則不必更觀其

皆對不同也。

楊公二句解。謂楊公以察地
山水卦體。養老其
氣配雌雄所以與天下諸地理書

雄而知必有雄以應之。觀雄則不必更觀其雌而知

必有雌以配之。天地者大雌雄也。山川雌雄中之顯

象者也。地有至陰之氣以招攝天之陽精。**天**之陽氣

日下交乎地而無形可見。止見其草木百穀春榮秋

落蛟龍虫豸升騰蟄藏而**巳**。故聖人制婚姻男先乎

女亦以陰之所在陽必求之。山河大地其可見之形

皆陰也。實有不可見之陽以應之。所謂雌雄者也。故

地理家不曰地脈而曰龍神。言變化無常不可以跡

求者也。青囊經所謂陽以求陰陰以含陽者此雌雄

也所謂陽本陰陰育陽者此雌雄也所謂陰用陽剋

陽用陰應者此雌雄也所謂資陽以昌用陰以成者剋

此雌雄也楊公得青囊之秘洞徹陰陽之理晚年其

術益精以此濟世卽以此養生然其中秘密惟有看

雌雄之一法此外更無他法夫地理之書汗牛充棟

獨此一法不肯筆之於書先賢口口相傳間世一出

蓋自管郭以來古今知者不能幾人既非聰明智巧

可能推測又豈閱覽博物所得與聞會者一言立曉

不知者累牘難明若欲向書卷中求之更河漢矣故

姚傳法題刊

日天下諸書對不同也曾公安親授楊公之秘故其

所言深切著明如此彼公安者豈欺我哉

姚氏曰首句云看雌雄一部辦正始終惟爲雌雄二

字何以曰看其要惟在看也非指臨地而看叮嚀學

者細看書中之意其陰有質有氣以應陽陽氣翩於

陰陰於顯陽之有形此以陰中有陽陽中有陰若言

陰陽則疑乎各自有其物故云雌雄雌雄如有如無

陰陽於顯陽之有形以陰中有陽陽中有陰若言

者細看書中之意其陰有質有氣以應陽陽氣翩於

雌雄似分似合若以爲無山水俱皆有跡若以爲有

山水用在無形雌雄分而爲二陰陽豈可折開雌雄

合而為一。山水現具兩形。合中似乎欲分。分之不易。分中似乎欲合。合之甚難。雌雄之有。有如無。用雌雄之無。無如有。用以無而為無用。用之何所以有而為有用。用之為偶。雄出乎雌。柔生於剛也。雌出乎雄。陽生於陰也。而普天之下。盡是山水蒲眼之中。都是雌雄。合而分。分而合。有若無。無若有。雄生雌。雌生雄。顛倒倒奧奧玄玄。故以金龍比之。隱現變化無端。使人不能而測。辨正章句。蠱是如斯。所以全憑眼力看。出天地一大雌雄也。古今所有地理之書與青囊三

辨正再辨直解　卷之二　青囊序

直解較瑞州

卷較之對之皆不能同耳

直解雌雄者陰陽交媾之情交媾者天地陰陽化

生萬物之氣也篇言陰陽者必言交媾篇言交媾

者必言雌雄如舍雌雄交媾而言陰言陽則天不

生地不成陰自為陰陽自為陽毫不相涉者也世

俗諸書但知有地而不知有天皆凶天之氣無形

可見地之形有跡可尋耳篇看雌雄者以有形可

見之地測無形可見之天再以無形可見之天合

有形可見之地也夫所見者在地而必求端乎天

金龍二句解。

謂先看各地稟
天之金龍陽氣或
勤而成形象與
否次往成形地之
出水口岸上把羅
經照察小水交大
一路分水脉脊處
屬何方　方。是我向對之方某
非我懷
抱方某。
金龍勤　定是氣勤
先差金龍勤不
（補注）一曾公間春第二。先取金龍勤可見可

者何也本其氣之所自來也地有至陰之氣以招
攝天之陽精天之陽氣日下交乎地而無形可見
只見草木百穀春榮秋落蛟龍虫豸升騰蟄藏是
氣不可見而形可見也以不可見之氣即寓於有
可見之形因可見之形即不可見之氣亦可見矣

天依形地附氣運行化育于寅寅之中不見而彰
依形地附氣運行化育
不動而變無爲而成即楊公所謂看雌雄者也
先看金龍勤不勤次察血脉認來龍　血脉是水路之喻詞。
此以下乃言看雌雄之法也金龍者氣之無形者也

暗指出雌之言　暗指水雄言

華亭姜　卷之二　青囊序

批注地理辨正再辨直解合編

第十六經圖卷六二

龍本非金而云金龍者乃乾陽金氣之所生故曰金
龍動則屬陽靜則屬陰氣以動爲生以靜爲死者
可用死者不可用其動大者則大用之其動小者則
小用之此以龍之形象言也形象既死得斯可辨其方
位矣血脉即金龍之血脉非龍而實龍之所自來所
謂雌雄者也觀血脉之所自來即知龍之所自來矣
察其血脉之來自何方也知血脉之來自何方即
可認龍之來自何方矣此楊公覓雌雄之秘訣而非
世人倒杖步量之死格局也〇惡煞爲金龍者非
俗註辰戌丑未砠金

子孫頭理氣註云且云
歇理氣本家不合惟此
歇書多出迎師云云
敢棄子山陵議狀察
子孫理氣数数軍動
皆明白晚暢理氣也
偉均高修遠上文
謂對不同也曾公堂
理氣家之花事倩
其文盡天下後世讀
外代文漢脫妙處
先揮出巒頭喫緊
智禪的派生偉之
程氣也

姚氏曰因看雌雄之法以龍爲金乾屬金而爲天言
山水形成在地由天合生乃天生地成也所以陰用
陽朝陽用陰應而山水旣是天生地成皆可取用吉
凶何辨故須察其勤否勤處甚多何以辨之須察勤
於何處如何勤法因乎必欲其勤而後可用勤則爲
陽陽主吉也乃易中貴陽賤陰之意耳然陰中自有
其陽未嘗不吉故六十四卦同有休咎焉

〔直解者即看無形之氣無形之氣化育萬物千變
無窮故名之曰金龍勤不勤者即氣之盈虛消長

辨正合編〈卷上〉清囊序

截第四行龍分兩
片二句解

謂取龍固分土雌陰
祧水雄陽氣兩片靈
龍察脈則專對支水

龍分兩片陰陽取注

龍忿有兩片一番領龍
三順水一番到面一逆
水余本浙次諸江浙論松
城龍句天目春以黴
湖趨支南一支為收脈
海中龕赭兩山美
芝源恭濤趨尖山过
海昌至錢塘一支為逆
水至臨安溪及西湖為

義正合解○卷之二

補

龍分兩片陰陽取水對三義細認踪蹤

陰陽往來也。察者察也。卽察無形之氣消與長也。

知氣之消與長。卽可認金龍之得與失矣。得為勤

非山行水卽之動不勤也。按三义

兩片卽雌雄陰在此則陽必在彼。兩路相交也。三义

卽後城門界水合處。必有三义細認踪。卽察血脈以

認來龍。卽知三义之在何方。則知來龍之屬何脈矣。

俗註以兩片為左旋右旋。以三义為生旺墓。非

姚氏曰。凡物之求有以。蓋陽之必求於陰者施化則

即前頂解所謂
脈落處也
小水交大水一路分水也

荀龍水之江為圖局水
壬过垣中丞有之水取嘉
吳城以石門塘一支為收
如江海鹽塘自為南趋
西北一支為逆水壬長水
塘陳浦塘永別為多
垣水西鹽城自言充匯
浦淡西南塘一支為收
水以峽石為壹过些城一
支為逆水壬海水惟取
庚垣而己卯外勢橫那是
此街宗澤鹽城自本
駐山發脈流海垣而多
此駿之在山不孟聆之
於水更為便提四大地
柳此兩砂中下之㐃必

有所托而水為動物陽求陰以附陰山含陽能育院
云含陰之一片分開於是合成三叉然陰非覚分故
有龍到頭如陰不外分合內氣之後空無據言含者
口內之水點滴皆是精液所以一片未嘗不是兩片
兩片仍然一片其曰細認踪也

直解山一片水一片空一片實一片來一片往一
片來有來之用法往有往之用法故云龍分兩片
陰陽取也空一片即天一片天運循環元氣流行
消長不一往來無定全憑心法趋其將來避其以

離之為陰
雲坎艮為陽以坤巽
耳哥甲陽以二字以乾
立論不肯說明不但四卦
備端發明但恐福八卦
志雲陞臨倍固己
地空位一天世宗數語
爽毫釐豪典實空外天
消水壽龍自然起合不
註州四十八局圖竪橫
大地可悟元運圖橫奏
三叉湾水品此也此逼合榜
羞陰陽聖
卦附彼一片竪屬陰卦是
聲山兩片惟此一片屬陽

水對三叉細認宗 註補

往來者為動為陽往者為靜為陰此分空一片之
兩片也實二片即地一片地有背面生死起伏行
止須憑眼力從生棄死去背就面面者為陽為生
背者為陰為死此分實二片之兩片迺三叉即水
口細認踪者細認山上水裏之玄空得與失也知
得與失方知察血脈認來龍之法矣

山雌　水雄
江南龍來江北望
山雌　水雄
江西龍去望江東

此所謂兩片也金龍本在江南而所望之氣脈反在
江北金龍本在江西而所望之氣脈反在江東蓋以

江南龍來

補註承上

文兩片一句豆二片徹龍
血脈順水從江南而來
再去江北望那一片到局
逆水弓水而龍可去矣

洗疏州

有形之陰質求無形之陽氣也楊公看雌雄之法皆

宕者豈指玄空卦氣而言

從空處為真龍故立其名曰太玄空雖云兩片實一

片也

江南二句解

謂看得江南西大幹龍來去處以之一片上雌陰形倒望江
北東小支水交大起處一片水雌陽氣以之之偏皆取真龍而逆入小
已到頭結木且平洋城邑鄉村陽宅高屬不詳因再解
之鈔於

俗註江南午丁未坤為一卦江北子癸丑艮為一卦
江西申庚酉辛戌乾亥壬為一卦江東寅

甲卯乙辰巽巳丙為一卦共一父母兩卦之中互相

其一父母

此葉第三板頭

所倚水局支幹大小不同耳此解未說到以卦看山水雌陽

立向者非

姚氏曰山水生有一定而無一定之用故以龍喻猶

言雖已成龍而有冬夏之論冬則潛伏不動夏則興

江南二句再解

謂看得江南西大幹龍
來老處一片土雌陰形可
撼倒望江北東小支
水交大處一片水雄陽
氣之脈脊上屬何卦
氣如係一坤便知到頭
撼穴非三一坤向九乾向
九乾山一坤向則立四巽
山六艮向六艮山四巽向
但未詳悉山頭形勢
立何山向為立耳因還
往俯察焉既隨形勢
定某山向矣卦之山水
配雌雄矣而猶必審
其時可下否可則下
之否則待之是楊訣
雖以分卦之山水雌雄
雄兩片為體卒以乘卦之旺氣一片為用也

騰變化不動至陰而動至陽蔣公以將生死言之莫
以概謂是龍皆可取用耶論龍有資質天資無形地
質可見產物者地因得天資也所以江南龍反望江
北之氣故江西龍去望江東如質無氣則死資質相
兼則顯用此陰之必求於陽也雖住氣為動物而春
發秋收豈非氣之所為其勤時有一定故三才之道
貴在於時所謂時不可失耳非如三合書中止知論
地不知有天何異獨有其母而無其爻所以為之僞
書矣

瀍澗二水二句 補注此借証總

張上灵瀍澗二水卽龍分卜年也

西片也交卯三义也華
嵩金龍之脉句仞相
阳动不动也观流泉
察血脉也仞仞合
若不外灵城精义山前

直解江南江北江東江西卽陰陽顚倒顚察血脉

認來龍之意上節雖云兩片實一片也金龍之兩

片卽已往一片將來一片蓋彼來則此徃此徃則

彼來有來自有徃有來自有來極則徃徃極則

來來卽徃之始徃之源何來兩片卽

是以聖人卜河洛瀍澗二水交輩嵩相其陰陽觀流泉

卜年卜世宅都宮

此卽周公卜洛之事以證地理之道惟在察血脉認

來龍也聖人作都不言華嵩之脉絡而言瀍澗之相

批注地理辨正再辨直解合編

珠雀發源句解要
看乾坤法竅卷
上廿四五葉以水為
朱雀者及朱雀源
於生氣之主自明

晉世景純傳此術演經立義出玄空

二講說開愚蒙

推原立空大卦不始於楊公蓋郭景純先得青囊之

交則知所認之來龍認之以瀍澗也又引公劉遷幽

相陰陽觀流泉以合觀之見聖人作法千古一揆也

姚氏曰此言地學之道自古聖人作用亦是此理耳

[直解]上文所云察血脉認來龍對三叉細認踪者

楊公恐人不信此訣特引聖人之相陰陽觀流泉

以證千古一法也

朱雀發源生旺氣

是水龍之生旺氣與山龍不同

秘演而立之直追周公制作之精意者也乃其義不
過欲朱雀發源得生旺之氣耳來源既得生旺卽是
來龍生旺而諸福坐致矣來源若非生旺則來龍亦
非生旺而禍不旋踵矣景純當日以此開喻愚蒙其
如愚蒙之領會者少也

俗註龍取生旺之氣於穴甲水取生旺之氣於穴前
又指氣之生旺爲長生帝旺墓庫合三義者非

姚氏曰朱雀發源其氣固旺亦須詳其所以而後可
用古之聖賢因知至理故言生旺若不參明旺能爲

心一堂術數古籍珍本叢刊　堪輿類

法疏刪

一生三兮三兮〔補注一奇〕二億而成
五而百十五萬成之數〇〇〇治

栖峒〔小注〕圓說參觀〇山地收峯〇法疏的天玉陰四位一般表注下

山管山兮一〇〔補注〇四卷〕

朱宗傳曰吾龍穴

　　葬□合□　卷之二

衰也。

向首一星之妙用。

〔直解〕上二句。推原挨星之法所自來。下二句詳言

此是陰陽不待言
陰陽指衰旺生言

一生二兮二生三。三生萬物是立關山管山分水管水

三卦故曰一生二。二生三。此乃天地之玄關萬物生

陰陽之妙用始於一有一爻即有三爻有一卦即有

生之橐籥也。又恐人認山水為一而不知辨別故言

山之玄關自管山而水之玄關自管水不相混雜蓋

砂水皆不曾言气云
壽為龍气之止而
聚也彥穴砂砂苦為
以衛穴而砂抱穴
故砂生而聽气水
界而後凶故穴
果而後气止故上
意本微言玄与
專

傳
剛

山有山之陰陽而水有水之陰陽爾通乎此義則世
之言龍穴砂水者真未嘗見矣
俗註生旺墓三合為玄關者非

姚氏曰卦有一爻即有三爻人所知之有一卦即有
三卦何以有一卦必用三卦立局方為合格則知者
鮮矣今注及此節略述義經大旨而地天泰卦外三
爻純陰內三爻純陽外不善且兩德存於內故大忠
似佞從乾而陽為君子天地否卦陰三爻居內陽三
爻在外外韓令飾內存不仁所以大奸如忠從坤而

下板坐山來水去
衰死取生旺其
生旺有分別生
山以生旺為生
旺來水以衰死
為生旺能知時
而用河洛之數
則山水兩分之生
旺自無不得矣

陰為小人也既陰不仁造物卽不應化此其無小人
不顯君子之德化其無君子小人自恃凶險必至於
極極則自損而殘滅化之則民生君子化恃何理法
也不順命則法懲以陽非盡善小人畏法凶消無凶
則吉而陰非盡凶何法懲不怨蓋君子小人之所可
其者惟理也由此上惠其澤於下下能濟上之施若
君子失政小人亦無忌憚雖加與法不能服其心則
上下自踈其成陽孤陰獨也不狙有君子小人之分
尚有質性不同得失不共此以山水各有立關而重

殺降也減削也

衰旺 衰小也減也殺也微弱也

荆州

[直解] 一極於四三極於九故數始于一而終于九

也○蓋天所覆地所載萬事萬物不外乎此是謂玄

關山管山水管水者山有山之陰陽五行推其順

逆生死○水有水之陰陽五行推其順○蓋山

自為山水自為水故云陰陽不待言也○

誠得陰陽玄妙理知其衰旺生與死不問坐山與來水

但逢死氣皆無取○

此節暢言地理之要只在衰旺生死之辨也衰旺有

卦龍旺乾卦水旺為
知其衰旺生○
天地空徑二黑观卦龍旺
大壯水旺為雷風恒
一碧晋卦龍旺需卦

水旺為水火不相射羅
萃卦龍旺大富水旺
為山澤通兑之黃或
龍與水城或有二水夹
対合五合十是過否則
卦龍旺夹卦水旺為回
有水旺秦之类多子孫
卦龍旺那言水旺為大
又殊七秦比卦龍旺大
六殊九紫否卦龍旺為
泰卦水旺為一九殊
知學入門之法神而明
記更有進孙为为当为三
四图叅为为八、
建補主運丸卦
坤主一運升主三運明
夷主三運臨主四運

運○生死乘時陰陽立妙之理在乎知時而已○坐山有
坐山之氣運來水之氣運所謂山管山水管
水也○二者皆須趨生而避死從旺而失衰然欲識得
此理○非真知河洛之秘者不能豈俗師所傳龍上五
行收山向上五行收水順逆長生之說所能按圖而
索驥者乎○

傳姚氏曰○坐山與水各有卦氣○故有不同而不同之中
又有同○然又有衰能為旺旺能為衰之不同也○
刪此一句言來水不同於坐山之實

面解 此節承上文看金龍分兩片而言也立妙門

謙主又運○師主七運○

復主八運泰主九運○

先天羅經亦□的要帽
說卦理作用都初青□
好不的卦說明故□□
生哪羅理二千的字提出
說不出借他作個引子是
以言哪故的注有減匯
子未云云

補注此章

陰陽往來之立妙生死是氣運消長之生死氣運

消長之生死蓋以當元者為旺將來者為生方去

者為衰去已久者為死下二句總言上山下水之

趨避○

先天羅經十二支後天再用干與維八干四維輔支位

子母公孫同此推

羅經二十四路巳成之跡人人所知何須特舉此節

非言羅經制造之法蓋將羅經直指雌雄交媾之玄

關以明衰旺生死之作用耳十二支乃周天列宿之

崔止齋曰說卦的
卦原只說以八卦爲
純粹八卦翻來倒去
便成六十四卦程子謂
邵子皇極經世是
加一倍法要去加一
倍法因而重之
之注腳也

義玉含經　卷六二

十二次舍故曰先天地道法天難有十二宫面位分

八卦每卦三爻則十二宫不足以盡地之數故十干

取戊巳歸中以爲皇極而分布八干爲四正之輔佐

然猶未足卦爻之數遂以四隅四卦補成三八於是

卦〔卦指先天之卦〕爲之母而二十四路爲之子焉卦爲之公而二十

四路爲之孫焉〔子母公孫指先後天八卦及羅經二十四山而言〕識得子母公孫則雌雄之交媾作此

金龍之血脉在此龍神之衰旺生死亦盡乎此矣

俗註子寅辰乾丙乙一龍爲公午申戌坤辛壬二龍

爲母卯巳丑艮庚丁三龍爲子酉未亥巽癸甲卯龍

為孫非○

姚氏曰天地由化而成若不化則無陰陽矣所以入

卦二十四路亦必如之卦既可為母為公豈有二十

四路不可為子為孫耶仍言卦理非云羅經始制之

由也○

法則

直解上二句言二十四山不易之定位下二句分

析八千四維十二支之子母公孫十二支之子母

公孫既分則某為公某為孫某為子母都住于斯

此節隱言繪按星圖之始中終不離陰陽交媾一法

二十四山分順逆共成四十兩入局五行即在此中分

辛氏合編 青囊序

弓布二十四山而皮四十
八局可推也甲八局圖⊙
注見卷節

五行即在二卯⊙
　　　　　補注
畫裡注之水之水⊙火
三分四九金五十⊙土
也陰陽卯支裡遊
待拳陽之乾為之地
陰二坤為地下之卦也
乾是也

陽以左邊二卯乾至坤
補注曰

有人識得陰陽者何愁大地不相逢⊙

建述順逆子共四十八局起法及作二十｜四山分順逆十節淺解⊙

祖宗御從陰陽出陽從左邊團團轉陰從右路轉輯通⊙

此書卷三第二十葉第二版頂上起

此一節申言上文未盡之旨也子母公孫如何取用⊙

蓋二十四山正應二十四局而一山之局又有順逆

不同如有順了一局即有逆子一局一山兩局豈非

四十八局乎此局得何五行則龍神得何五行五行

不在此中分乎然五行之根源宗祖非取有形可見

有跡可尋之二十四山分古五行乃從玄空大卦雌雄

交媾之真陰真陽分五行也論至此玄空立卦之義

則更有說宜玩首卷
末卷

幾乎盡矣而又恐人不知陰陽爲何物又重言以申

明之曰如陽從左邊團團轉則陰必從右路轉相通

言有陰即有陽有陽即有陰所謂陰陽相見雌雄交

媾玄空大卦之秘旨也言左右則上下四旁皆如是

矣此即上文龍分兩片江南龍來江北望之意而反

覆言之者也其奈世人止從形跡上著眼不能領會

玄空大卦之妙故又發嘆曰有人識得此理者乃識

眞陰陽眞五行眞血脉眞龍神隨所指點皆天機之

妙何愁大地不相逢乎若不識此雖大地當前目迷

五色未有能得其真者也○

俗註陽龍左行爲順陰龍右行爲逆陽亥龍左行爲

甲木陰亥龍右行爲乙木之類非○

删伟

姚氏曰順推之局既有逆排之局豈無因分順子逆

子○二十四山謂之四十八局此五行者立空卦論大

五行分局中龍神之屬故五行祖宗非等於形跡而

地理必言陰陽相見者和山水生死之氣山水生死

各別乃陰陽之氣不同然情所宸親又莫若於陰陽

陽之從左邊團團轉以求陰之所在陰感應陽之求

陰則從右路轉相通一求一應　陰陽相得而雌雄交

媾山水生死氣和致成大地也

直解分者即分兩片也兩片者一顚一倒一往一

來一順一逆也分得順逆顚倒自然共成四十有

八局然分作四十八局何益蓋九星流轉氣運循

環八卦九宮即從此而轉順者順逆者逆故曰此

中分但五行之根源宗祖非取有形可見有跡可

尋二十四山所分之五行也要從大玄空卦中求

天心之一卦流動九宮則甲癸申非盡貪狼而與

貪狼爲一例艮丙辛非盡破軍而與破軍爲一例

此即所謂星辰流轉要相逢順逆在此中分也知

此則一定之氣可求而得一定之用法亦可求而

得一卦之氣既可求而得豈非下卦起星之根源

宗祖耶要筭未立向以前將水之去來山之入首

四面八方仔細看到排定方位後用挨星之法審

其某水合某水不合某山合某山不合另尋別向

挨到處處合時合運補救直達兼得方可如此則

向之兼左兼右兼干兼支之法無不筭其中矣有

人識得流轉變遷隨時而在之陰陽者何愁大地

不相逢乎○盈虛消長之道本上下無常進退無

恒者也○分者即從無常無恒之中分其進退定其

上下辨其陰陽分其逆順如是無常者似乎有常

無恒者亦若有恒矣

陽山陽向水流陽執定此論甚荒唐陰山陰向水流陰

笑殺拘泥都一般若能斷破個中理妙用本來同一體
（此句之意是言要山水相對待也）

陰陽相見兩為難一山一水何足言

又言所謂識得陰陽者乃玄空大卦真陰真陽而非

蔣平階大鴻氏青囊序

世之所謂淨陰淨陽也。若據淨陰淨陽之說。則陽山必須陽向。而水流陽。陰山必須陰向。而水流陰。堪時師拘拘於此。而不知其實無益也。真陰真陽自有個中之妙。世人不得真傳。無從勘破耳。若有明師指點一言之下。立時勘破。則知不但淨陰淨陽不可分所謂真陰真陽者。雖有陰陽之名。而止是一物。又何從分既知陰陽為一物。則隨手拈來。無非妙用。山與水為一。體陰與陽為一體。二十四山卦氣相通者。皆為一體矣。夫淨陰淨陽者。一山止論一山之陰陽。一水止

論一水之陰陽故拘執有形不能觸類旁通耳玄空

陽一水不論一山之陰陽而論與此山相見之陰陽

所以為難知難能而入於微妙之域此豈淨陰淨陽

之說拘於有形者所可同年而語哉

姚氏曰箇中玄機之說言人能明玄機則知陰陽為

一體山水亦是一體二十四路卦氣相通皆為一體

而陰陽相見以成對待分其陰陽之為二則山水卦

理二十四路莫不分之為二矣然山水在在但有且

辨正合編　卷之二　蔣襄亭

一〇一

眾所共見共見而得可辨者山之與水眾所不得而
見不可而辨者曰眞故分之不可合之不可以此兩
難蓋山水之陰陽非論一山一水之陰陽乃論山水
相見之陰陽此所謂眞陰眞陽之交媾也蔣公註曰
指點一言之下立時勘破而此言人必以爲易事今
當代公指點必向易中深求而後再習此書方能入
奧須知至大莫如天地不不向難中而求取覓能言天
地之道者古今未有之事也若不明卦理之妙欲合
眞空眞陽之交媾何異痴人說夢耳而世之論三元

廿一葉穴之三法

歌所云五星論定穴應裁三
法就邊慧眼開生水騎
龍為上格挾水倚龍非不美
佳城向水攀龍水陰陽
後山水陰始無衰倒角
証兼三法定莫侵漏道損
龍胎之定也

者雖知三卦為局然局中之用未清至於陰陽配合
五行生尅順逆推排消詳衰旺地之三結穴之三法
洗無頭緒其由臆度相傳人之自信以為得縱知三
卦成局如三百六十度中得其一也而天地之理失
一不可何況止知其一乎故為再辨欲人參而明之也

[直解]山上龍神在山水裏龍神在水此即謂陽山
陽水此陰陽以來者為陽往者為陰當合者為陽
失運者為陰生者為陽死者為陰非世所謂左旋
右轉也亦非以出為陰而水為陽也又非以紅字

俗注以來龍
定陰陽分順
逆亦有以來
水為定者如
來龍左轉者
為陽右轉者

為陰婦水左
神者當立陽
而收陽水亦
有以干支而
分者亦有以
排屬而分別
者皆非也

為陽黑字為陰也又非以干屬陽支屬陰也此關
一破萬卷青囊絲絲入扣矣陰陽郎從來來即從
往即求來來與往一氣相貫本無二物須參與時偕
行與時偕極即往來流動之中在在有一陰一陽
隨時而在者也隨時而在乃是真陰陽真五行真
玄空真血脉真龍神若拘拘于干支卦位左轉若
到者何來個中之妙耶陰陽相見兩為難者山上
排龍水上排龍雌雄相見也此相見非坎龍必須
離水之相見兌龍必須震水之相見要山上排龍

排到水裏水裏排龍排到山上山上水裏或來者

與往者相見或得者與失者相見或山與水相見

或水與山相見或相見之於山或相見之於水或

山與水都相見者此謂之兩難註云一山不論一

山之陰陽而論與此山相見之陰陽一水不論一

水之陰陽而論與此水相見之陰陽數語眞屬玄

玅難知當細細察之如曉得此山此水相見之陰

陽方知山與水爲一體陰與陽爲一體二十四山

卦氣相通者皆爲一體矣豈拘拘于形跡者所可

二十四山三句
補註如以
診云乾亦乾宮卦
診云坎亦坎四爻辰
大有申夫旺三公為師小
言己霸二父圓過大畜
與泰一炁共推之三千
の山冬承双之起忧是可
五艮震之布也几有不
此一卦收清城如則以双卦
收之合四象作坎

地理合璧　卷之二

同年而語哉○

二十四山雙雙起○　少有時師通此義五行分布二十四

時師此訣何曾記○

此郎上文二十四山分順逆之義而重言以嘆美之○

臨山玲玲體仍四申八局之注解

雙雙起者一順一逆一山兩用故曰雙雙也五行分

布者二十四山各自為五行不相假借也雖如此云○

而其中實有奧義惟得秘訣者乃能通之時師但從

書卷中搜索必不得之數也於此可見三十四山成

格有定執指南者人人能言之而微妙之機不可測

修註有以雙
山五行而起
者又有以分
金納宮五行
而起者亦有
從山上起者
亦有從向上
起者均非
以水法合某
局即從其處
起長生都非
也
非也

識矣。

俗註乾亥為一甲卯為一丁未為一之類釋雙雙起
者非

姚氏曰恐人不明二十四山順逆之理故又承上非

有他義也

直解此處要順輪者彼處要逆佈者此時要順排
者彼時要逆挨者一山兩用故曰雙雙也且二十
四山定陰陽分五行起星下卦之法其秘盡在雙
雙二字之內能於此中推測可得五行分布之奧

矣。

山上龍神不下水。水裏龍神不上山。用此量山與步水。

百里江山一晌間。

晌與瞬同音舜。
晌曰自勤也。

此節上文山管山水管水之義而重言以嘆美之且
又以世人之論龍神但以山之脉絡可尋者爲龍神
卽其所用水法亦以山龍之法下求乎水以資其用
耳不知山與水乃各自有龍神也特爲指出以正告
天下後世焉山上龍神以山爲龍者也專以山之陰
陽五行推順逆生死而水非所論水裏龍神以水爲

鑣音悲嬌切說文馬銜
鑣也釋名鑣苞也所
以在旁苞歛其口也曹
植應詔詩楊鑣凜湫

龍者也。專以水之陰陽五行推順逆生死。而山非所

論剛柔異質燥濕殊性分路揚鑣不相假也。即有山

龍而兼得水龍之氣者亦山自爲山水自爲水非可

以山之陰陽五行混入乎水之陰陽五行也。山則量

山以辨山之純雜長短水則步水以辨水之純雜長

短。得此山水分用之法。百里江山一覽在目。此青囊

之秘訣亦青囊之提訣也。嗚乎此言自曾公安剖露

以來於今幾何年矣。而世無一人知者哀哉

俗註論山用雙山五行從地卦查來龍八首論水用

下截六行山龍之穴
之向止一的解山
術論二十四山何山上
中下三元何元均取旺
龍衰穴生向爲山向
聯珠格正格此外
有所謂雙山雙向
水零神者另是一
變一格勿混入此論
水龍之穴之向有三
的解一天元卦上
龍之穴取輔卦
向爲五吉二人元卦
龍之穴取貪狼向爲
之穴以取貪狼向爲三
吉以上山水二龍其

地理辨正卷之二　三

三合五行從天卦查水神去來者非

姚氏曰今人平洋取山爲朝爲托不但無益反失平
洋眞情山水二龍豈可牽率混也而先賢章句蔣公註
釋反覆叮嚀山水各有衰旺生死莫以皆出天地所
生試觀草木花卉何以四季不齊豈非天地所生乃
因質性如此山水二龍既可不分何以山龍之穴之
的解此句尚欠明悉因再解之氣水龍之穴八尚之向有三
向止水龍之穴之穴又向有三皆絲剛柔異質性不同
其係天元龍之坤申寅向其二條人元龍之丁穴辰向其三條
途所以此旺彼衰彼旺天元歌云水路本是後
天成龍之兩穴壬向也
地元龍之兩穴壬向先天生又曰撰出後天生與尅豈解

出脉過峽處之卦爻也○

用羅經格之或父母

兼子息或子息兼

父母各有(前兼兼

後)之分(前兼龍則

前兼向後兼龍則

後兼向地理家尚

知之○

先天大五行不當否爛唇焦○何後人執迷不悟至此

耳○而山龍取水之由○亦因此出姜公曰失其一非失

其二乃千古之定論也而山乃屬陰而水乃屬陽燥

溼之性各別明理須明其性不知陰陽之理衰旺生

死○何辨蔣公告之於前予承心授之德敢不繼公之

志以正告天下後世焉○

宜解山用順水用逆俗註巳明水用逆而星仍用

順時師未曉此青囊之秘訣即青囊之提訣也所

云龍神非來龍來脉之龍神是按星生旺之龍神○

更有淨陰淨陽○（山）　補注
卦純清也係乾兌離○辨
震巽坎兌濟益萃卦
蓋坤之卦卷四十八局
三爻助故尤雜他卦○
責賦委論斜○先云四迫辨
壹爽卽故論斜○先云四迫辨
喪一爻辨陰陽挨生旺
三节青山起頂○峰
補注辨前一节三节龍
坤陰陽生旺上四卦主

山上挨得生旺之龍神謂之藝著旺龍當代發○

裏挨得生旺之龍神謂之藝著天心癸血遲者也○水○

山自為山水自為水不相假借也○

氣乘生旺方無煞來山起頂須要知

更有淨陰淨陽法前後八尺不宜雜斜

只要龍神生得旺陰陽卻與穴中殊○

此淨陰淨陽非陽龍陽向水流陽之淨陰淨陽也蓋

龍脉只從一卦來則謂之淨若雜他卦卽謂之不淨○

而辨淨與不淨尤在貼身一節或從前來或從後至○

上四句言水龍來脈
下四句言山龍來脈
正受來陰陽取○
三節四節不須拘○
此節言山水龍生旺
皆重近脈生旺

初年○山運年○

蒋注或於前言云◯◯
◯蒋注入海蓋此言◯◯
駛卦傳地別峽上格龍
卦外山居民雜純龍指
卦旁兩路

蒋注所得血脈也
疏峽之兩旁必有水◯
是爲血脈
蒋注此山外此云◯疏
即且山三即是水當穴
上下又不同泥於

須極清純不得混雜。八尺言其最近也。言此尤爲挈
要所謂血脈也。一節以後則少寬矣。此節須純平龍
運生旺之氣。若一雜他氣卽是煞氣。吉中有凶矣。來
水如此。來山亦然。須審其起頂出脈結穴一二節之
近要得龍神生旺之氣。蓋龍頭上聚窩氣廣博能操
禍福之柄。卽或直來側受之穴。結穴之處與來脈不
同而小不勝大。可無虞也。此以知山上龍神水裏龍
神皆以來脈來生旺而尤重在到頭一節。學者不可
不愼也。

俗註以左轉右轉順逆爲陰陽者非○

姚氏曰此言淨者欲卦氣之不雜其重在於到頭一○節故言已貼身○禍福應之甚○速小不勝大吉多凶少

取用合法可收全吉之效也○

即爲不淨惟入首一節更不宜夾雜故特辨之疎

洺州直解來山來水處處均歸一路即爲淨如出他卦○

氣收水其法不一或有斜受或有正受或陰來陽受或陽來陰受急來緩受緩來急受要而言之生

氣在左則左在右則右隨地取裁不可執一者也○

水交三八三〇⊙（補遺三）

二丨

也此字義取艾失尖
歸也玩十大圖自明雁
形小只疾鵞形太徐
喻大水之交小水入局也
喻嘉興城餘水餘門

來山起頂者○穴後主山之頂也○須要知者要主

山之頂○屬何方位屬何星體也○穴有穴頂穴頂之

方位星辰○亦要辨別清楚去穴遠者不必拘屬

何星體也只要合乎生旺為妙○然此生旺兼體用

而言宜細細察之○

天上星辰似織羅水交三八要相過水發城門須要會

此節言水龍審脈之法

城門即水口也

卻如湖裏鴈交鵝○

此以天象之經緯喻水法之交會也列宿分布周天○

而無七政以交錯其中則乾道不成而四時失紀矣○

塘可至西門令南乗
之水抱城流楮走北
門更大合襟卻乡一小
如从西門流入對挢府
前鰲此庚字坎卦乾
如卖宪巽卦是為二
七不曰树穴枝西曰雁
文我鰲树木直硬不乗
鰲言之生机活游也

幹水流行地中。而無支流以眰割其際。則地氣不收。

而立穴無據矣。故二十四山之水。其間必有變道相

過然後血脉眞而金龍動。大幹小支兩水相會合成

三义而出所謂城門者是也。湖裏鴈交鵝言二水從

左來一水從右來。兩水相遇。如鵝鴈之一來一往也。

詳言水龍審脉之法而立穴之玅。在其中矣。

法 姚氏曰。此言二十四山之水滂流入表大幹支流遠

莊渙散似星辰之分布所謂地道法天而取用無從

故曰湖裏雁变鵝因雁之形類鵝且鵝雁皆喜近水

以此喻水法言大幹之遇小支若雁鷟之相交合成
三义則雁序一行從左來鵝聚一羣自右去乃不云
大水行龍小水結穴其曰湖裏雁变鳶何精妙之如
此也。

法訣〔直解〕上二句取天象之經緯喻水法之交會下二
句以鵝鴈之徃來比流神之屈曲然大幹小枝兩
水相會合成三义必有枝流界割其間則地氣收
束立穴有據矣所謂氣無界不收龍無界不清脈
無界不止宂無界不的卽此意也

富貴貧賤在水神〇水是山家血脈精〇山靜水動晝夜定〇

水主財祿山人丁〇乾坤艮巽號御街〇四大尊神在內排〇

生尅須憑五行布〇要識天機玄妙處〇乾坤艮巽與水長流〇

吉神先入家豪富〇

乾坤艮巽各有衰旺生死〇非可概用〇須用五行辨其

生尅〇生旺尅即生〇尅即衰死生為吉神死為凶神要在

玄空大卦〇故云天機玄妙處也〇

姚氏曰〇此節總結前章之意〇言知玄空大卦衰旺生

死之妙理〇而山水用法皆備〇以此擇地富貴于孫皆

山靜水動一〇　補注
晝夜俱靜動則靜則
晝夜俱動一〇之
理也

乾坤艮巽二〇　補注
半乾全成〇有艮
卦半坤全成〇有
巽卦半艮全成〇
有震卦半巽卦全〇
后兩有兌卦故曰
主兩抱心其為文刑
如卦故号御街石涌刑

在其中矣。

法卌 直解山主靜水主動山管人丁水管財祿水法美

主財祿豐盈龍氣佳主人丁與旺水形屈曲曰御

街非以方位為御街也四大尊神即衰旺生死將

此衰旺生死排在乾坤艮巽水中故曰在內排天

機即天運吉神先入謂當收得生旺為先也。先

到先收亦謂之先入。

去水來山盡合情。

請驗一家舊日墳十墳埋下九墳貧惟有一墳能發福

〔重解〕如十墳用十處。有山情好者。有水法好者。有

山水無情者。有發福者。有衰敗者。地非一處。盛衰

亦無一定自然之理也。楊公獨舉十墳埋下之句。

蓋屬假借之辭申言用法之得弗得也。謂此十墳

用於一處則九墳之前後左右來山去水坐山朝

向乘氣收水方位干支與此一墳總是一般模樣。

旣是一般則九墳之盛衰宜與此墳一般爲是乃

九墳敗一墳發者何也。而墳之形局雖同所用之

時各有先後時有先後坐山朝向雖是一般在在

之陰陽各別陰陽既別則五行之消長氣運之盈

虛自有合與不合合情者惟此一墳體與用消與

長處處用得合法也

宗廟本是陰陽玄得四失六難爲全三才六建雖爲玅

得三失五讐爲偏蓋因一行擾外國遂把五行顚倒編

以訛傳訛竟不明所以禍福爲胡亂

此節旁引世俗五行之謬以見地理之道惟有玄空

大卦雌雄之法所以尊師傳戒後學也蓋唐以後

諸家五行雜亂而出將以擾外國而反以禍中華至

今以訛傳訛流毒萬世曾公所以辨之深切也歟

刪補

姚氏曰陰陽大道天地又欲人知人與天地共其氣

豈有不使知之乎又欲人之不知乎惟恐其人不能三

緘其口行世不擇德惡妄作胡爲以逆天地之意也

而地之吉凶毫髮不爽有人言曰惡人得佳壞德者

得凶地地自爲變耳而此論縱然愚夫愚婦愚不至

此螻蟻尚知天時草木隨時令此等之人不如蟻

之草木多矣天地豈因一人而能如此失信乎天地

因重德惡故恨一行之手正僞之書並著天地無心

而觀德惡之心深遠於人更甚何也青囊未顯之前

一行偽書先示於世一行非欲以偽害人奉太宗之

敕也而亦非太宗氣度不宏太宗天之子也天欲奬

德罰惡爲子者而敢不代傳其命乎楊公而達一行

之年約計二百天巳逆料青囊之欲顯使一行之書

先出於前布濩宇宙至楊公時偽書巳有百二十家

縱有青囊三卷難排百二十家之多豈非天地之用

心比人深遠更甚矣

法卅重解宗廟二字是五行之名號得三失五得四失

總括此篇章句無多言陰陽之變化詳五行之生尅

論山論水避死趨生其中義理精篇拓鑒玄機之妙

貟公名其序曰青囊而可謂無愧矣余自從窮冠初

參此書意中似乎可得所論無非一山一水其言惟

有一陰一陽反覆詳之一陰一陽化山無數陰陽一

山一水生出千山萬水曰看日迷愈參愈奧偶君一

節自爲己是及觀下文始知前是皆非而經年屢月

寬前後看至幾千遍之多又因家貧之慮惟有自憾

六者非盡善之謂也

自愚於是中止然欲悟之心未能少釋而後復參數
年雖在窮苦憶甚之際亦是付之度外由此漸能領
會又三年餘甫得青囊大旨前之千山萬水無非一
山一水前之無數陰陽雌有一陰一陽覺與初參之
意相合豁然而得之矣今註此青蒋公云直揆了當
誠如斯語也

青囊字

青囊奧語　唐楊益筠松譔

無心道人增補　直解

楊公得青囊正訣約其旨爲奧語以立空之理氣用

五行之星體而高山平地之作法已該刮於其中然

非得眞傳口訣者索之章句之末終不能辨謂之奧

語誠哉其奧語也姜垚汝皐氏注

坤壬乙巨門從頭出艮丙辛位位是破軍巽辰亥盡是

武曲位甲癸申貪狼一路行　此節言挨星大卦之一條例

姜氏曰挨星五行即九星五行也貪巨祿文廉武破

（上欄手書批註）
坤壬乙二句
補注坤
看言九運圖自己中之
壬中之挨二運巨
也乙中之挨八運捕
星也二爻八卦取運
以補三運之俯故姜
以補
補

注謂挨去巨門而
由巨門為一顆例
艮丙辛三〇補注
〇艮丙三〇七運破軍也
若艮丙三〇丙辛中
三小達三運孫存也
七〇三運取七運巨門〇
補三運之俻〇

巽辰亥三〇補注辰中
〇顧大運武曲也若
巽中三大〇亥中之
辛四運文曲也與
四〇取六運以補四
運之俻

輔弼二星挨去故曰挨星立空大卦五行亦即挨星
五行名異而實同者也此五行原本洛書九氣而上
應北斗主宰天地化育之道幹維元運萬古而不能
外也此九星與八宮掌訣九星不同唐徑僧一行作
卦例以擾外國專取貪巨武為三吉其實非也夫九
星乃七政之根原八卦乃乾坤之法象皆天寶地符
精華妙氣顧于其中分彼此辨優劣貞庸愚之識詭
怪之談矣止是天地流行之妙與時相合者吉與時
相背者凶故九星八卦本無不吉而有時乎吉本無

甲癸申二句注（補）

甲中之離一運貪
狼也癸中之巽申
中之壽屬九運
弼星是一白九運取
弼星以陽貪狼之
澤九星另有參訛

元注　詳寶照經註

〇注　倒音廬也

〇注　倒類也

挨星有先後二法
先一法以羅經挨方
信水稱之星後一法以
何圖何掌訣曰星
入中五挨起流轉九

第五合經　卷之七　三

有凶而有時乎凶所以其中有趨有避真機妙用全

須秘密耳真知九星者豈惟貪巨武爲三吉即破祿

廉文輔弼五凶亦有吉時真知八卦者豈惟坎離乾

坤四陽卦爲凶即震艮與兌四陰卦亦有凶時斯得

玄空大卦之真訣矣奧語首揭此章乃挨星大卦之

條例坤壬乙非盡巨門而與巨門爲一例艮丙辛非

盡破軍而與破軍爲一例巽辰亥非盡武曲而與武

曲爲一例甲癸申非盡貪狼而與貪狼爲一例此中

隱然有挨星口訣必待真傳人可推測而得若舊注

以坤壬乙天干從申子辰三合爲水局故曰文曲艮

丙辛天干從寅午戌三合爲火局故曰廉貞之類謬

矣又有云長生爲貪狼臨官爲巨門帝旺爲武曲亦

謬○

姚氏曰挨星之法地理之要蔣公不註門人代之而

有以也如人讀書以作文章從小書四書五經而後

開筆完篇如欲說明挨星卽是說完一部辨正今之

逐節註釋其中半爲挨星乃引由淺入深方明立妙

之理而不讀四書經文敎以先做文章者未之有也○

穴上都是龍其與山別也
　者以山是指祖星
下出脉過峽言穴定是
指到頭一節起頂出脉處
言也穴內卽向向也向為穴之
向從穴定故對面本非穴內以
謂之穴內也

而山有山之挨
法水有水之挨
法故舉坤壬乙
艮丙辛巽辰亥
甲癸申各為一例而
合山水穴上穴內之挨法所以此四例非盡巨門破
軍武曲貪狼也雖挨法有一定之例然起星有殊耳

宜解挨星五行卽九星五行貪巨祿文廉武破輔
弼○一一挨去故曰挨星此五行原本洛書九氣而
上應北斗○主宰天地化青之道其氣無形可見者
也○無形之氣為天所行也有形之質為地所行也○
一二三四五六七八九卽大五行○為天行氣為地

行形之次序非水火木金之笄天成象又非方圓

直銳之笄地成形又非東木西金之方位又非坎

水離火之卦屬故名之曰大玄空此五行隨氣變

遷隨運轉移天心一動九宮便更名非有定氣隨

星分故曰非巨門而與巨門為一例非破軍而與

破軍為一例如是則下卦起星之訣定卦分星之

與曉然矣若拘拘於字義則與玄空二字之意不

合○左為陽子癸至亥壬右為陰午丁至巳丙○

路路有陰與陽。是隨時運變更。也。

新工合解　卷之二

姜氏曰。此節言大五行陰陽交媾之例。如陽在子癸
至亥壬則陰必在午丁至巳丙矣。自子至壬自午至
丙路路有陽路路有陰。以此為例。須人自悟也非拘
定左邊為陽右邊為陰。若陰在左邊則陽又在右邊
矣。亦可云左右。亦可云東西。亦可云前後。亦可云南
北皆不定之位。雌雄交媾非有死法。故曰立空舊注
自子丑至戌亥左旋為陽。自午至申未右旋為陰謬
矣。

姚氏曰。此言陰陽之理不可執定干支何為陰干陰

支何為陽干陽支路須當活看如照版格而用乃為

拘泥之法立空大卦之旨再不能於明矣非子癸至

亥壬竟為陽午丁至巳丙竟為陰故曰以此為例也

子癸陰必在午丁陽在午丁陰必在子癸陽在左

陰必在右陽在右陰必在左八卦四偶路路有陽

路路有陰非拘定左邊為陽右邊為陰也陰陽有

一定之氣無一定之所陰陽雖無定所隨時而在

者也若拘拘於子癸午丁亥壬巳丙順則皆順逆

〔直解〕陰陽左右是天地交媾之眞陰眞陽如陽在

則皆逆。何來左與右耶。楊公恐人拘定故特辨之。

○自五至六爲陽爲左。自五至四爲陰爲右。來爲

左爲陽往爲右。爲陰能分來往左右之陰陽方知

陽在彼陰必在此之理矣。

雌與雄交會合玄空雄與雌。玄空卦內推。

姜氏曰玄空之義見于曾序江南節注。

[直解]合玄空即合陰陽往來之玄空陰陽往來之

玄空總在山上水裏雌雄交會之內故曰推也得

此訣須知氣有一定之氣而用無一定之用也。

山與水須要明此理水與山禍福豊相關

姜氏曰山有山之卦氣水有水之卦氣脫不得陰陽

交媾之理山有山之禍福水有水之禍福有山禍而

水福有山福而水禍有山水皆福有山水皆禍互相

關涉品配爲用

傳姪氏曰已詳識得陰陽玄妙理一節內矣不必再註

崇州直解明此理者即明雌雄交會之理也此交會之

理蓋以地之體主靜天之氣主勤主勤之氣生乎

上主靜之氣成乎下雌雄交媾勤靜生成此氣本

義一合彙□卷□

無徃不在無時不有無物不生者也所謂葬乘生

氣即乘此生氣也水得此生氣則天氣歸之天氣

歸則地氣必從之矣如是則陰陽之道山水之理

可得而知矣○要知禍福須辨氣之盈虛性之剛

柔味之甘苦德之仁義情形之向背氣運之進退

體用之得失則某山禍某山福不辨而自明矣如

不辨情性不辨久暫不辨盈虛不辨徃來進退徂

拘拘於生旺者斷不能得眞龍之全吉也

明玄空只在五行指洛書數中知此法不須尋納甲

玄空二字只是指氣運即明用

而言氣運

是隨時變易易活法。

知此氣運隨時變。

易活法不用尋卦

例求法矣。

姜氏曰○九星五行大卦之法只明立空二字之義則

衰旺生死瞭然指掌之間不必尋乾納甲坤納乙巽

納辛艮納丙兌納丁震納庚離納壬坎納癸之天爻

地母一行所造卦例矣○

炁州姚氏曰納甲止可用之山龍今人移之陽宅兩用殊

為謬甚○

炁州〔直解〕無定無據無方無隅無始無終無形無跡無

往不在無時不有曰立空五行者是挨星五行即

大立空九星五行非諸家之五行也切莫誤認九

辨○○○○卷六

顛顛倒○

星五行之中○有與時合者○有與時背者○八卦九星

本無有凶不合則○凶本無有吉合時則○吉如此則

墓宅之與衰瞭然矣○何必用尋乾尋甲之法乎○

二十四山有珠寶順逆行○二十四山有火坑○二十四山山陰

陽不一吉凶無定合生旺則吉○逢衰敗則凶山山皆

有珠寶山山皆有火坑○毫釐千里間不容髮非眞得

青囊之秘何以能辨之乎○

姜氏曰○顛倒順逆皆言陰陽交媾之玅○二十四山皆

刋姚氏曰○此節引此之意○並非顛倒爲是順逆爲非能

經緯

以經不動比陰
以緯一來一往常

動為陽
此

配雌雄之交火坑可生珠寶不合陰陽之會山水蠱

是火坑顛倒有顛倒之理順逆有順逆之道珠寶火

坑止爭一間莫以自為順逆自為顛倒禍福相關把

心自問如不明此理則害人自害而思之膽寒也

〔直解〕顛倒即翻天倒地之顛倒正是陰不是陰陽

不是陽之顛倒下二句總論俗術之非

認金龍一經二緯義不窮動不動直待高人施妙用

姜氏曰易云乾為龍乾屬金乃指先天真陽之氣無

形可見者也地理取義于龍正謂此耳一經二緯即

辛正合編　卷之三　青囊奧語

陰陽交媾之妙金龍之經緯隨處而有而動與不動

去取分焉必其龍之動而後妙用出焉若不動者不

可用也金龍既屬無形從何可認認得動處即知用

法所以有待高人也歟

傳姚氏曰巳詿曾序中矣

傳州宣㬎認金龍者即認無形之氣也無形之氣日往

月來盈虛消長經緯無窮者也此氣從何可認苟

能認得無形之氣孰往孰來誰消誰長方知其動

與不動知得動處即知察血脈認來龍之法矣一

此節言用山水龍八法。

經一緯者。即動者運行於上。無一息之停主降靜者安靜於下亘古不移主升升升降降上行下效縱橫顛倒總由此而使然也。如舍經而言緯非但無氣質生成之妙理。且無用往來之氣化孤陽不生緯亦空有是緯矣。如舍緯而言經非但無寒暑以化物并無秋落春榮之變易。獨陰不育經亦徒有是經矣。金龍既屬無形不是形跡上求動靜曉然矣不在于支方位上求動靜亦曉然矣

第一義要識龍身行與止第二言來脉明堂不可偏第

〔四一〕

裁穴定向之十字玄
微查地理錄要
卷三第十世第六
行有看兩砂曲池
灣抱之語其注云
或微圓如新月或
灣曲如角尺兩砂
相對穴在中間如
癸山丁向兼子午
穴處必乙辛兼
卯酉十字玄微天
然不爽故曰在右
依砂灣處別高
低隨界闊相宅
等語觀此可知裁

三法傳送功曹不高壓第四商明堂十字有玄微第五

妙前後青龍兩相照第六秘八國城門鎖正氣第七奧

要前天心尋十道第八裁屈曲流神認去來第九神住

他平地與青雲第十真君有一缺非真情

姜氏曰上節言金龍之動不動而此節緊頂龍身行

與此學者不可忽也蓋有動則有止不動則雖有金

龍只云行龍原無止氣故高人妙用以此為第一有

此一著然後其餘作法可次第而及也來脉明堂不

可偏非謂來脉必與明堂直對不可偏側也若如所

在向上尋十道與水口來龍配雌雄天心十道即河圖一六二七等五行

城門是峽水分八國城門即八卦水分其位青囊經云布八門

平地亦然四字解
謂平地之看穴又
曰足高山看龍之
意也所以下文即
接貼身左右云云
且平地亦然之不
按言真龍起頂

云則子龍必作午向亥龍必作巳向矣來龍結穴變
化不一有直結者有橫結者有側結者豈容執一楊
公之意蓋謂來脉自有來脉之受氣明堂自有明堂
之受氣二者須各乘生旺兼而收之不可偏廢也傳
送功乃左右護龍星辰蓋真龍起頂必高于護砂
乃為正結若左右二星反壓本山非龍體之正矣平
地亦然貼身左右有高地掩蔽陽和厉分不利俗術
所不覺也十字玄微乃裁穴定向之法雖云明堂實
從穴星內看十字明此十字則穴之上下左右向之

一四三

心一堂術數古籍珍本叢刊　堪輿類

高於護砂者有二
一以平地之龍來
自高山其數十百
里上之遠祖無不
起頂高於護砂不
待言之一以平地之龍
多數十百里無頂
其高低與護砂齊
言之者有與目見者
相矛盾處不得言之
此其所以不接言之也

穴內。向也。

蓋城門既定正氣來
之來蹤而又當於
穴內分清十道解

城門正氣來蹤謂小支水出口交大幹而氣還來處某字遠其卦上河圖某數為水龍

第十台線　卷之二

偏正饒減盡于此矣其云玄微誠哉其玄微也歟前
後青龍兩相照從某托龍虎定穴法者此義易知八
國城也八國有不滿之處是日城門蓋城門通正氣
之出入而八國鎖之觀其鎖定之方便知是何卦之
正氣以測衰旺而定吉凶也故日秘天心十道繫頂
八國城門而來蓋城門既定正氣之來蹤而又當于
穴內分清十道乃知入穴正氣廣狹輕銖兩平衡
之辨故日奧此兩節專言入穴測氣非論形勢也不
然則與明堂十字前後青龍兩條不幾于複乎屈曲

城門即水口也卽水龍來脈也

正照也註

中莫數水之旺龍者。既定此爲龍矣。而又當于結穴處分清羅經所照甚莫山爲旺卦龍旁

卦之某爻中後言該爻之甚莫高指前某爻卦上數。甚莫爻中後言水之生官者因定此爲

向此如定一龍爲

範古文龍。
九水之生官是餘。
九水之生官

改作要向天心尋十
道注抄左此從向
上尋天心十道之用卦
法把洛書數配後天
卦之環列者直看以
定龍向把河圖數
配先天卦之環列者
橫看以定正運卦爻
同路之卦爲催官矣

姜氏曰此節八句姜公之註玄機盡泄鬚眉畢露無
將有滲漏而失眞情矣。平地高山總無二法上八句
各是一義末二句不過叮嚀以囑之語氣湊拍借成
十節耳
故目裁以上皆審氣之眞訣至微至渺者一著不到。
微者慨以屈曲而用之

流之旺龍既定六向爲水之地。然有此卦又如定六龍爲水之旺龍通取用
坤已是合格之地。龍配離雄而爲甚莫數。水之生官者又如定六龍爲水之
該爻之旺龍矣。須有裁成乃可謂攺作之秒于頂上

直解　第一義。上節言無形之氣動不動此節言

之屬為生旺向。詳查
堂局之吉卦合龍
向屬五吉亦把圖
同羅經橫看惟五吉中
某吉加吉使二元兼
兩元則直看之
天心。即天心正運之
一卦十道者一六共宗
等之十道也。要向
天心尋十道者謂
要尋向旁之卦當
天正運者與向卦
合成河圖十道中之

有形之質止不止楊公看雌雄之法蓋以有形之
質為體無形之氣為用一體一用雖有勤靜之殊
然必體立而後用行故以龍身行止為第一經云
形止氣蓄萬物化生即此之謂也

第二言。山有山之行止水有水之行止分定行
止然後辨其是地非地再辨其屬何卦氣屬何生
旺得為不偏不得即謂偏非坎龍離水之偏不偏
也。

第三法。傳送功曹是前後左右輔從之別名高

二六共宗等兩道也。

此如城門來脉

為一坎卦其

向要六九離卦向

旁之四巽卦當四

運時為天心正運

殺水尅九離卦水

為催吉相合四九

為友得河圖十

道中之兩道旦足為

向上天心十道旣尋

得之依此立向預

壓者賓欺主之象也。

第四奇。明堂十字乃裁穴定向之法在未立穴

以前先看四面情形八方氣勢次看來山來水合

何時之生旺再看內堂外堂去來止聚之方如是

則知穴之宜左宜右宜前宜後自有一定不可移

易之穴自有一定不可移易之向矣。

第五妙。細看前後左右龍虎案托左為龍右為

虎前為案後為托環抱開面相向有情為照兩相

照者八方相照有情也。

決其後效吉爲發
祥餘卦均倣此推

第六秘。城門二字最難捉碼。水有水之城門山
有山之城門水之城門有三义以三义爲城門無
三义以水之照宂有情處爲城門亦有以來處爲
城門亦有以岑口爲城門總以有權有力處爲是。
山之城門以入首束氣處爲城門或以過峽起頂
處爲城門亦有以某處來脉卽以某處爲城門平
原平陽以枝浜界氣爲城門或以低田界水止處
爲城門鎖正氣者看准城門正氣鎖定在何方也。
第七奧。天心十道是用法之至美者也上交十

天卦即先天卦○先後天卦 合用也○

高山平洋高山平洋其用則一十真者龍穴沙水
則吉彼處來則凶者其中須有裁處平地青雲即
第八九十三節○水神雖以曲為吉然有此處來
自然有處可尋當在向上分清不用別處尋也
祖之說陰陽相見之妙訣也苟能會得其理十道
楊公于此節發明要向天心尋者真所謂披肝露
之十道一九二八三七四六人人知之何以云奧
十道十道即天卦之十道非地卦之十道也地卦
道從形跡上看此節以體用合宜山水兼得便為

山龍穴法

新刊地理參星秘要卷六二

鬼曜朝對處處環抱朝拱更兼山得山之用法水

得水之用法此即謂十眞或體好而用不能全合水

或用得而體少有偏側反跳之形總謂之缺以上

十節須以龍眞穴的爲要龍果眞穴果的止自有

止行自有行自有明堂自有功曹自有傳送自有

十字自有城門左右自然照應流神自然屈曲如

龍穴一有不的外面空有萬重山即此謂也

倒杖作接脉看

明倒杖卦坐陰陽何必想

姜氏曰此以下二節專指山龍穴法與平地無涉因

刪傷

世人拘執淨陰淨陽之說故一語破之倒杖非必如

俗傳十二倒杖法此後人偽造也只接脈二字足盡

倒杖之真訣既知接脈便知真穴既得真穴便有真

向自然之陰陽已得又何必淨陰淨陽之拘拘哉

姚氏曰山龍之法所重後高天元歌云山穴後高丁

祿盛故以接脈為是而與水龍大相懸絕先賢故以

倒杖偽法明之恐人牽入水龍以失真情失一必失

其三今人仍於平洋取山而為案託何後人不明古

人之道至此地步展卷不禁三嘆也但知山水其名

辛壬會同卷之二 青囊奧語

皆龍不明剛柔燥濕之性理所謂同而不同也○

[直解]此節申言裁穴定向之法要在未立穴以前○

先看山之來脉從何起頂從何入首細細看某

干上是來脉某干上是入首辨清干支夫婦再看

水之去來某處是來源某處是去口某處是三义

一一看到然後再辨孰陰孰陽誰得誰失方可剪

裁趨避如卦坐倒杖等語總言乘氣收水之法何

必想三字是言楊公不勉而中不思而得之致○

楊公當時攜杖登山隨機指點後人神其說為有

識掌模太極分明必有圖○

十二種倒杖法傳訛之至

變

姜氏曰山龍眞穴必有大極暈藏于地中此暈变化

不同而其理則一○非道眼孰能剖露哉

姚氏曰如若山龍結地必有石穴內中生成龍口枕

棺兩傍龍虎之石○所謂眞鉗眞窩石內藏眞龍眞虎

石兩傍識得枕棺龍虎石干山玉乳貫心香非取外

形兩山環飽而為龍虎也○大極暈者於中土色必異

非以面上之土而論其色也坎之眞土其泥細潤三

者之中得一方可爲憑故山龍之穴止一非高人法

眼不能以辨故曰識今人惟取外象而分高低以論

土色也豈不聞囊金於砂涸玉於璞珠生蚌內珊瑚

產於海底貴篚之物猶藏其形豈將天地精華以顯

於外而使世人輕意即能明之槪可取用乎所以水

龍之法山水實跡不足爲憑必須以立機空擬也

按識掌模三字分明是掌上起星辰類聚羣

分之太極何曾說著地中之太極果是地中之太

極與掌何相干涉。要得內極先求外極弗識外

山平兼說

極○焉識內極○既識外極○再尋內極○從此尋極○萬不
失一○要求太極○先求的穴○再尋蟬翼○自有真極○
無物即無極○即無物○有物自有極○自有
物極○生物以極分○未生物○先生極○未生極○先
生物○定物以極生物○物生生方○如物物○一太極

知化氣生剋制化須熟記○

姜氏曰生旺之氣為生○衰敗之氣為剋○扶生旺之氣
勝衰敗之氣○是為制化○此一節兼平地而言

刪姚氏曰此節兼說平原論扶旺制衰之妙○然衰由扶

制刚

甚法盡無民其在制而化之也

窺解知化氣要知天地化育之氣化育之氣至公

至平無往不在無時不有既知此氣再細細考其

所以生所以化所以尅制之理苟能熟記於胸中

則天地之氣懷墓宅之興衰瞭然矣生尅即五行

之生尅制與化蓋言以文制武以貴治賤以長治

幼以尊治卑之理三綱五常爲上道之制化此理

之當然也陰陽剛柔水火木金爲五行之制化此

氣之當然也其事雖異其理則一細心參考制化

三節皆論山龍
形體

之理自得矣○虛則補其母實則瀉其子亦是制

化之妙法也

說五星方圓尖秀要分明

曉高低星峯須辨得玄微

鬼與曜生死去水真要妙

姜氏曰此三節皆論山龍形體不須另解鬼曜之生

死去來是辨龍穴之要著也龍之轉結者背後必有

鬼有穴星如許長而鬼亦如許長者俗眼難辨有反

在鬼上求穴者不知穴星是來脉為生鬼身是去脉

為死察其去來而真偽立辨矣盡龍左右龍虎都生

曜氣向外反張有似乎砂之飛走者此真氣有餘直

衝生前而餘氣帶轉如人當風振臂衣袖飄揚反向

後也在真龍正穴則為曜氣在無有穴之地則為砂

飛此其辨在龍穴而不在砂也

姚氏曰能明水龍之理山龍易知所以辨正書中略

言大槩何也山龍有形可辨靜物也而用皆言水龍

雖有其跡惟在立空立卦而取為動物也所以專重

卦理山水實跡不足為憑而用皆從空擬故有茶同

星挨排之
屈峰挺峰巒
之峰挨排之
峰巒秀美
油峰巒秀美
者則挨之以
官貴粗頑
者則挨之以
禍福相女
則加之以財
因才而教師
調之元微

傳曰

而同同而不同之難處也辨別方圓尖秀重作到頭

一節高低以辨其結能識來脈鬼曜則易分矣

直解五星卽木直金圓土方水曲火尖之五星要

分明者要說五星正變之象也

星峰在旺方宜高衰方宜低是楊曾之真訣須高

處得高處之五行低處得低處之五行元微者各

得其宜也

鬼曜專論挨生棄死之法

向放水生旺有吉休囚否

補注天心即斗杓所指之云運

四卯今八運復卦主運孫卦沈旺小輪

水旺

向甲放水 補注上節 向放水三

剋姜注單指消水

學堂放字仍流字

解壽水消水法

壽

從外生入名為進 補注自此以下各註

辛龍水与山向較生

尅壽泰地到敦工

定如財寶積如山從內生出名為退家內錢財皆盡費○

生入剋入名為旺子孫高官盡富貴○

姜氏曰玄空大卦之妙只翻天倒地對不同七字二

十四山既分定五行則榮枯生死宜有一定矣○及其

入用○有用于此時則吉用于彼時則凶者○時之對不

同者其一也○有用之此處則吉用之彼處則凶者○物

之對不同者○又其一也○此其秘密之理○非非傳心不可

天心即上文第七奧之天心○另有辨法○非時師所謂

天心十道也○若如時師之說○又何用仔細耶○天心既

姜

蒲注我居於衰敗

三句疏印今八運如巽卦合巳運之旺

收蓄二運輔運
卦出向是為一卦
陀清夫諸卦外三
卦出向是為一卦
三水復卦坐山姤
交巳震盡得八白巳
孔注旺之氣坤為一白
外三爻是坤為一白
用休坐山巳巳巳我我

辨正合編二　　　青囊奧語

辨則穴中正氣已定而撓其權者在向中所發之水
也從外生入從內生出此言穴中所向之氣也我居
于衰敗而受外來生旺之氣所謂從外生入地我居
於生旺而受外來衰敗之氣似乎我反生之故云從
丙生出也此言穴中所向之氣穴中既有生入之氣
矣而水又在衰敗之方則水來剋我適所以生我也
內外之氣一生二剋皆成生旺兩美相合諸福畢臻
所以高官富貴有異于常也此其中正有對不同者
存焉舊注所云小立空水生向剋向為進神向生水

於亥啟乎一屬水八
屬水山於土龍二節
生怨
莊注水坐至亥啟
之方三夕蹴奶奶上
亥水主始卦向夫小
高外三爻是張為
二里二屬火豐犯小
五至亥啟之方手始
卦外三爻是乾為九
爻屬金豐二犯尅承
乃何以生承和交貴
憨告逆另詳天至陸
干雖乾艮巽坤春吞
右

法

尅水為退神非是靑囊豈有兩玄空五行耶

姚氏曰此言穴中正氣已從外生入水又君於衰方

而握向中權要所尅之水以水衰尅為生彼既在衰

何暇尅我而生我故曰翻天倒地對不同非求於易

中何何知生尅之所以然知得微妙立穴是所不難乃

有一定之向矣故將生死以喻榮枯衰旺之意也

[直解] 二十四山何山當順推五行何山當逆挨九

星知此卽知得生死榮枯矣何山順何山逆有一

定之氣無一定之位須參與時偕行與時偕極自

有一陰一陽隨時而在者也曉得在之陰陽空

中分陰陽定五行之訣可得矣如生出生入剋出

剋入乃言穴中所向之氣也穴中所向之氣衰旺

有運死生隨時不可以一例求之者也

脉息生旺要知因龍歇脉寒災禍侵縱有他山來救助

空勞祿馬護龍行　此節言山水龍脉形體空生旺否則凶至

姜氏曰此下二節總一篇之意言先尋龍脉以定穴

之有無次論九星以辨氣之吉凶也此一節先言形

體而以來龍之脉息為重外砂之護夾為輕

姚氏曰其重在地不在砂之向背以分美惡苟非其

地縱有砂之環𣃗亦屬無益不獨山龍如此水龍亦

然恐人輕賓主而失大地也

【直解】生旺是氣運之生旺知氣運之生旺方可立

向消納剪裁趨避倘不知此氣則趨非所趨避非

所避空用祿馬貴人有何益哉○山龍真結到落

脉入首處必有似有似無呼吸浮沉之動氣此謂

之脉息猶人身之六脉一般身之六脉主宰血氣

流行三焦灌溉全體脉非他物即神之別名也華

元化云脈者氣血之先也先也者主宰乎氣血之

神也由此觀之脈之生旺豈可忽乎

勸君再把星辰辨吉凶禍福如神見識得此篇真妙微

此節言再把星辰辨明卦氣驗吉凶而之旦是與語篇真妙微和之爲郭璞再現趨避

又見郭璞再出現

姜氏曰此一節乃言卦氣而以九星大五行爲主言

如上節所云雖得來龍脈息之真穴而吉凶禍福尚

未能取必勸君再將挨星訣法細審裏旺生死而後

可趨吉而避凶轉禍而爲福一篇之旨不過如此苟

能識其微妙前賢與後賢一般見識一般作用青囊

三卷更無餘義矣

虔州姚氏曰事不憚詳未可忽略如遇其地可取必須詳

其吉凶勿得造次輕許以挨星再辨務期全吉之道

而後以定去取恍惚之間於中補福相關結以郭璞

比之先賢用心惟有精細無誤世人之事後人能得

此意先賢後賢古今又有伺異也

錄總論楊公此篇其言玄空大卦挨星五行卽青囊經

上卷陽生於陰之義而下卷理寓於氣之妙用也其

言倒杖太極暈五星脈息卽青囊經中卷形止氣蓄

之義而下卷氣囿于形之妙用也一形二氣括盡青

囊之旨而究其玄機正訣如壞無端不可捉摸謂之

曰奧語宜哉

【直解】龍穴砂水分合向背諸般皆有形跡可見是

真是假人所易曉惟大玄空五行之法世所不知

卽古今以來知者不過數人而已再者楊公教得

訣者而言也謂旣得真訣又得吉地再將大五行

之情性剛柔往來進退盈虛消長細細審辨而後

趨避如是則體與用無所不當矣

細拨再辨兩字明明教得訣者而言也謂既得真
訣再將星辰考究明徹星有吉凶消長有陰陽往
來有氣色情性有五行禀性有三吉五吉有統合
專令於五常有君臣父子夫婦昆弟於時有秋冬
春夏於物有方圓直銳於五行有水火木金諸星
各有所司諸物各有所禀苟能細細考究明徹前
賢後賢一般見識一般作用誠哉得訣者所當辨
也

地理辨正再辨直解卷之二終

地理辨正再辨直解合編

杜陵蔣平階大鴻補傳　門人　　武陵胡泰徵較正

桐鄉姚銘三再註　　　　無心道人增補直解

天玉經唐楊益筠松撰　　　　　會稽姜　垚　較正

內傳上

天玉內傳卽青囊奧語挨星五行立空大卦

江東一卦從來吉八神四個一江西一卦排龍位八神

四個二南北八神共一卦端的應無差

辨真偽經

公妙用止有一法更無二門此乃反覆其詞以授曾
公安者也江南江北江東江西會序已先下注腳矣
但南北東西應有四卦而此云三卦者緣立空五行
八卦排來止有三卦故也江東一卦者卦起于西所
謂江西龍去望江東故曰江東也八神郎八卦之中
經四位而起爻母故曰八神四個言八神之中歷四
位也一者此一卦只管一卦之事不能兼通他卦也
江西一卦者卦起于東反而言之卽謂江東龍去望
江西亦可故曰江西也亦于八卦之中經四位而起

父母故亦曰八神四個二者此一卦兼管二卦之事。

而不能全收三卦也此如坎至巽乃第四位巽至兌

亦第四位八卦之中各經四卦故曰八神四個也南

北八神者乃江北一卦所謂江南龍來江北望也不

云四個者此卦突然自起不經位數與東西兩卦不

同也八神共一卦者此卦包含三卦總該八神又非

八神四個二之比也夫此東西南北三卦有一卦止

得一卦之用者有一卦兼得二卦之用者有一卦盡

得三卦之用者此謂立空大卦秘密寶藏非眞傳正

授斷不能洞悉其妙者也。

俗註寅至丙爲東卦申至壬爲西卦午至坤爲南卦

子至艮爲北卦非

姚氏曰地理一事。自古秘密其所言者皆是天機玄

妙之道也雖楊公始顯青囊所授者惟曾公妙應乃

仍然秘之耳而後將公不忍世人以受俗師之愚將

青囊三卷并先賢章句細爲詮釋刊布於世其因後

之學者而無前緣不能心領意會以至誕妄百出究

其所源不明於卦理也而卦不分爲四從玄空五行

八卦排來。卦惟有三南北以共一卦八卦之變為三。

名有三吉由三卦兼及四卦五卦以分東西二卦稱

有五吉兼可入卦其曰總該八神乃卦變之又化於

是八卦分而又分卦位不易自異故江東一卦只管

一卦之事江西一卦兼管二卦之事南北相共包含

三卦其卦分不易位江南龍來江北望江西龍去望

江東由此東西八神之經四起法與南北各殊卦旣

變有復化化之豈無再變所以地分貴賤當發有長促

立局重於三卦也南北八神以共一卦亦然所包旣

己合化三卦成之自化也。其不經他位，炎然而自起者也，非南北之卦可總該入神然。江東江西二卦，未嘗不是如此。且因不變而變，變而不變，應有可兼而不可兼之用也。且其局之數有限，而局中之變而不變，不變復變，變中又變，變之不已，其變竟無限數，致有局之不同。所謂一个排來千百个，即此之意也。而用或趨其變以同不變，或避其變以同已變，惟埃其星以取山之卦氣，水之卦氣而相通者，以就陰陽之變化也。卦有一二三之分，於中有能兼而不能

兼之至理存焉。然風鑑既曰陰陽須明陰陽之道。徒

言陰陽之名而不知陰陽八卦之理。惟以版格之局

而嘵嘵者。其效刻舟求劍也。

直解江東一卦即後天之震卦。江西一卦即洛書

之兌位。既論元運。震有震之吉時。兌有兌之旺運。

今先將震之吉時而論震爲三天元之未運可知

又屬一元。故曰四個一。此一卦只得一卦之用。不

待震卦當令。坎坤都已過時矣。即得不爲我吉。巽

能兼通他卦故也。然非卦之不能。時之不能也。再

新□□經卷□五

論兌卦兌為七下元之首運可知既屬首該包三
卦即以七數至九亦該得三吉曰二者何也惟立
空心法中只得兌兌不得離九故曰四個二此一
卦只得兼通二卦之用不能全收三卦故也此非
巽之不能天卦之不能也入神者即坎坤震巽離
艮兌乾也共一卦者即共此一卦而為九也能用
此一卦所建之處即能全收三卦總該八神又非
八神四個二之所可比也讀者先將九宮八卦分
清就往就來誰消誰長再憑掌上尋得一卦二卦

三卦之法知起於東起於西青囊之奧得矣、

二十四龍管三卦莫與時師話忽然知得便通仙代代
鼓駢闐、

二十四龍本是八卦。而八卦又分爲三卦。此立空之
秘必須口傳若俗注丙木南離而反屬東卦壬本北
坎而反屬西卦牽離支離悖理之極。且云四個在
寅辰丙乙四個在一龍四個二者申戌壬辛四個在
二龍又屬無謂。

姚氏曰此承上交之意

[直解]二十四山本是八卦。此云三卦者何也。法將
九宮分配三元。一元分得三卦。即一二三四五六
七八九也。然法雖於此用。要辨通不可執一。一三四
五五六七八九一亦為三卦。總要與葬時之一卦。
合而生即為吉。退而衰即為凶。經云將來者進成
功者退即此謂也。三卦即三般卦之三卦此卦周
流六虛無所不至。此陰彼陽無時不易即八卦二
十四龍陰陽顛倒變化錯縱都由此而起故曰管
也。

天卦江東掌上尋知了值千金地畫八卦誰能會山與
水相對、

天地東西南北皆對待之名所謂陰陽交媾玄空大
卦之妙用也此節方將山與水相對一言略指一班
泄漏春光矣非分天卦于江東分山水相對于地卦
也若以辭害志分別支離即同癡人說夢矣
俗註天卦地支從天干以向論水神旺墓地卦天干
從地支以龍論山水生死可矣
姚氏曰山水各有生死同一山水陰陽有同而不同。

之妙用。對者對待也。無對待何能成其交媾耶

【直解】天卦即立空江東即立空中之生旺山與水

相對者水上之星即山上之星山上之星即天運

之星將此天運之星輪到城門或山上此為山與

水相對非必拘定要水與山相對只要水上之星

與時相對耳○天卦地卦非天父地母之俗說切

莫惧恐天卦即無形之氣運行于上萬物生生之

始也。江東者無形氣中之生旺也。三元各有生旺

故云江東江西此氣無形可見無跡可尋全憑性

來消長之中。細辨某爲江東某爲江西在江東時。

用江東爲令星在江西時用江西爲令星空中取

用之法曉然明白再查有形有跡之入方何方來

水何方去水何方來龍何方入首何方高何方低

何方水口三乂。有形無形相交會于其間再查山

上龍神水裏龍神雌雄相對與否此相對非坎龍

必須離水之相對兌龍必須震水之相對所謂相

對者山上水裏與時相對也

父母陰陽仔細尋前後相兼定前後相兼兩路看分定

兩邊安。

卦有卦之父母爻有爻之父母。

此節前後指卦爻而言。一卦之中為父母卦前卦後。

偏旁兩路卽為子息若不仔細審察恐于父母之胎

元不真而陰陽有差錯矣。

俗注以前兼後為天卦屬向首後兼前為地卦屬龍

家為兩边者非

姚氏曰陰陽之道敬順天命從事於順昌也用事於

卦有卦之父母爻有爻之父母皆陰陽交媾之妙理

直解父母是隨氣建極之父母陰陽是隨時變易
之陰陽此陰陽名有定名位無定位須從顛倒變
易之中細細辨其陰陽分其順逆故曰尋也前後
是言山上水裏之前後山上水裏各有用法故曰
兩邊安也兩邊兩路總言山上水裏來往各得其
用也

卦內八卦不出位代代人尊貴向水流歸一路行到處
有聲名龍行出卦無官貴不用勞心力只把天醫福德
裝未解見榮光

數八卷三十三

八卦之內有三卦往三卦之內。則為不出卦而吉三

卦之外則為出卦而凶向須卦內之向水須卦內之

水二者皆歸本卦則全美矣天醫即巨門福德即武

曲此乃一行所造小遊年卦例以渾挨星之眞者也

蓋謂世人誤認卦例為九星五行必不能覆福也

姚氏曰向水非欲以向必須對水而為一路一路者。

乃合卦氣之一路也而有迎來立向殊為誤解并言

莫以版格取諸吉曜以定吉凶耳

直解山得山之卦內水得水之卦內向得向之卦

辨正合編　卷之三　天玉經

內此謂不出位中二句甚言不出卦之妙如行龍

先見錯雜水神又流出卦來能來水先帶胶雜用

法又兼巨武之差錯內外都出是爲眞出矣

倒排父母陰龍位山向同流水十二陰陽一路排總是

卦中來

倒排父母卽顚倒顚之義陰陽交媾皆倒排之法山

向與水神必倒排以定陰陽十二陰陽卽備二十四

山之理言雖有二十四位陰陽總不脫八卦爲父母

也

姚氏曰玄空大卦法以倒排言十二陰陽內有順逆
之分山有山之排法水有水之排法以分陰陽非三
合十二局之說耳

〔直解〕倒排即顛倒山向水神必須顛倒以定陰陽

二十四山或順或逆總自顛倒中來也

關天關地定雌雄富貴此中逢翻天倒地對不同秘密

雌雄交媾之所爲天地之關竅知其關竅而后交媾

在立空

可定也江南龍來江北望江西龍去望江東此爲翻

天倒地已詳奧語注中

俗注以辰戊丑未為關天關地非

姚氏曰關者阻塞之義蔣公註曰關竅竅者通也此

言能明玄空妙理已通天地之道矣乃咏嘆之辭也

[直解]關即察也看也關天者察天運行消長之氣

也關地者看地之是地非地去水來山之方位也

天地形氣既定再分離雌再定順逆再憑掌上排

其吉凶取其合時合運者用之失時失令者去之

此挨星之妙秘密深藏全在玄空上看眼不在形

跡上尋也故曰對不同在玄空天地二字指干支
而言關卽關空中變易之干支知空中變易之干
支卽知定雌雄分順逆之奧矣翻倒是言陰可作
陽陽可作陰陰不是陽不是陽之翻倒也

三陽水向盡源流富貴永無休　三陽六秀二神當立見
人朝堂。

三陽者丙午丁也天玉青囊既重挨星生旺矣而此
節提出三陽別有深意非筆舌所能道六秀者木卦
之二爻故曰二神天下以卦之父母爲三吉以卦之

子息爲六秀

俗注艮丙巽辛兌丁爲六秀非

姚氏曰三陽至吉至吉之中恐有太過不及故兼六

秀而言也

重解三陽水向是活潑潑地。一處有一處之三陽

一時有一時之三陽此處可作三陽彼處亦可作

三陽此時有三陽彼時亦有三陽三陽二字隨氣

變遷不可執一注中獨提丙午丁三字不過以此

爲例耳。

水到御街官便至神童狀元出印綬若然居水口御街

近台輔蘂蘂鼓角臨流水艷艷紅旆貴

鼓角紅旆皆以形象言。

俗注乾坤艮巽爲御街長生前一位爲鼓角後二位

爲紅旆非

[直解]御街指來水印綬言羅星鼓角紅旆皆是砂
之美名此節皆以象取類應之耳俗注論方位非

上拨三才并六建排定陰陽算下拨玉輦捍門流龍去
要回頭。

三才卽三吉六建卽六秀此節上二句論方位故須

排定陰陽下二句論形勢玉輦捍門皆指去水須纏

身兜抱謂之曰回頭也

俗注以長生諸位爲六建及玉輦捍門俱就方位吉

者卅

姚氏曰卦分父母子息一卦有二神以此言六秀三

才者水取三吉正維干支不可相犯耳

〔直解〕六建三才言來山來水干支卦位之吉凶陰

陽算者卽算山上水裏得失之屬也玉輦捍門皆

辨正合編卷之三　　3

指去水回頭者去而後回有戀戀不舍之情狀也

六建分明號六龍名姓達天聰正山正向流支上窺天

遭刑杖

下二句緊接上二句而言水之取六建是炎然卦之

山向在四隅卦中則用本卦支神之六建在四正卦

中又當用本卦干神之六建若卦取正山正向而水

又流他卦之支上是陰差陽錯而必有竊天刑杖之

憂矣與四正卦而四隅卦不辨自明矣此節以下專

辨干支零正陰陽純雜毫釐千里之微

姚氏曰已詳上文

〔重解〕水法中有天建地建人建馬建祿建財建此
六建乃上好格局然恐水多則易犯差錯故特辨
之假如四正卦上有水當用本卦干神爲六建如
壬子癸一卦壬癸爲建子爲才又爲吉或兼丑或
兼亥則有篡天刑杖之憂矣知此則四隅之卦可
以類推矣

前後五節總是辨方位定吉凶之法六建三才二
神三吉丙午巳丙指方位干支而言究其所以然

真龍間。

共路兩神為夫婦認取真神路仙人秘密定陰陽便是

之故必須體用兼到為要也

共路兩神即一干一支也。一干一支皆可為夫婦然

有真夫婦有假夫婦真夫婦為正龍假夫婦即非正

龍矣知巽已為真夫婦丙午亦真夫婦若巳丙則不

得為真夫婦矣其他放此。

姚氏曰此節之汪世人妄度云假夫婦者乃路逛夫

妻二十年但書中所論何事真假夫婦又語何事如

此顯言倘且胡猜而精微之譚自然難知矣

俗解兩神即一干一支壬子亥壬真假之屬也認

取指來山來水兼坐向而言也看淮來山來水干

支夫婦兩辨其執陰執陽是真是假便是分陰陽

定五行之綱領故名之曰真神路

陰陽二字看零正坐向須知病若遇正神正位裝撥水

入零堂零堂正向須知奸認取來山腦水上排龍點位

裝積粟萬餘倉

青囊天玉蓋以卦內生旺之位為正神以出卦衰敗

之位爲零神。故陰陽交媾全在零正二字。零正不明

生旺必有病矣。若知其故而以正神裝在向上爲生

入而以零神裝在水上爲尅入則零堂正向豈不兼

收其妙乎向水旣妙而來山之腦未必與坐向相合。

又當認取果來山又與坐向同在卦內則來脈又合。

非但一向之旺氣而已惟水亦然。蓋山有來山之腦。

水亦有來水之源水龍即是山龍亦須節節排去點

位裝成果能步步零神則水之來脈與水之入口同

一氣山之坐向與山之來脈同一氣斯零正二途別

無間雜而爲大地無姚矣。

姚氏曰堪輿曰陰陽須明天地之道天分星宿後宮

換度地列山川起伏交錯天鈒西北地陷東而所以

天有歲差之分地有零正之辨正者整也如物之整

數既有其整其零難免必無故其零必屬於整如無

其零何以名整而零整不知其數乜亂亂則于敗蔣

公註曰生旺必有病矣病者患乜者重之意耳

宜解零正即陰陽消長之道。節零轉而爲正

陽消則正轉而爲零消長不一陰陽無定苟能奪

究消長之精微方曉坐山朝向之病不病矣坐向

謂坐之得則坐向之得則向重在得與弗得不重

坐與向也。

正神百步始成龍水短便遭凶零神不問長和短吉凶

不同斷

此承上文而言正神正位裝向固吉欠然其向中來

氣須深遠悠長而后成龍若然短淺則氣不聚難以

致福至于水則不然一遇正神雖一節二節其殺立

應矣其零神之長短又與正神有炓使零神何在水

雖短亦吉若零神而在向雖短亦凶是零神之吉凶
在水向之分而不係乎長短也

姚氏曰此言零正之道吉凶如此恐人不明故又承

上

(直解)正神言山上排龍零神言水上排龍山上排
龍排得正神所到之方宜來龍來脈寶地高山俱
吉有水則凶所謂百步者甚言其最近也水上排
龍排得旺神所臨之地得水便吉無論遠與近也
此亦平洋裁穴定向之要訣也○山上之零神卽

水裏之正神水裏之零神即山上之正神上元之
正神即下元之零神下元之正神即上元之零神
零正無定隨時運行而升降者也

父母排來到子息須去認生尅水上排龍照位分兄弟

更子孫

亦承上排龍而言卦之中氣為父母卦之二爻為子
息而本宮他卦之父母為兄弟上三句言山上排龍
下二句言水上排龍山上排龍從父母排到子息總
是一卦則卦氣純矣然須認其卦之生尅若得卦之

生氣則純乎吉若得卦之尅氣則純乎凶矣豈可以

其卦之純一而遂謂吉哉山上排龍來脈一路大都

只在一卦之內至于水上排龍則不然水有一路來

者亦有兩三路來者故須照位分開而不能拘一卦

之父母只要旁來之水亦在父母一氣之卦謂之兄

弟兄弟卦內又有子孫雖非一父母而總是一家骨

肉來路雖多不害其爲吉也凶者反是

姚氏曰而人止知衰旺爲是生尅之要竟置不論豈

知衰旺之道惟在五行而論不分生尅則衰可爲生

旺可爲魁卦理論可兄弟子孫亦無辨別矣

覓觧上三句言山上排龍下二句言水上排龍山

上排龍以山爲龍者也穴後有主山卽以主山爲

父母無主山以入首束氣處爲父母其餘博換傳

變高低起伏開帳結頂之處卽爲子息此子息是

形象之子息非挨排之子息挨排之子息盖以主

山入首處挨着五行爲父母開帳起祖之處挨着

五行爲子息此處五行總要有益於主山入首者

爲生與生山相剋相反省卽爲剋非是主山火曜

不取良金祗帶廉貞無用曲水之泉法也

龍以水爲龍者也水有一處來者有兩三處來者

有四五處來者總以照穴有情有力處爲主眾水

排龍之法排著同元一氣者爲兄弟挨得五吉三

星者亦爲兄弟兄弟之左右兩爻便爲子息非子

父財官之子息也

二十四山分兩路認取五行主龍中交戰水中裝便是

正龍傷前面若無凶交破莫斷爲凶禍凶星看在何公

頭仔細認蹤由

此一節專主卦之差錯者而言。兩路者陰陽生死也。二十四山。每山皆有兩路。非分開二十四山歸兩路也。兩路之中須認取五行之所主。五行所主貴在清純若龍中所受之氣旣不清純而吉凶交戰矣倘能以水之清純者救之庶龍氣遇水制伏而交戰之凶威可殺奈何又將龍中交戰之卦裝入水中則生氣之雜出者不能為福而死氣之雜出者適另為禍正龍有不受其傷者乎然水之差錯其力足以相勝吉多者吉勝凶凶多者凶勝吉入曰雖然交戰而來水

源頭若無凶星變破。則氣猶兩平雖不致禍亦未可
遽斷爲凶禍且凶星之應亦有公位之分吉凶變到
之局只看某房安著。便于此房斷其有禍不受者
亦不應也非如純凶不雜之水房房受其殃禍之比
故其終尤當仔細認云

姚氏曰此乃吉凶各半之地故曰戰也而戰之一事。
惟在主帥運籌定謀可獲其勝稍有失筭必手其敗。
此言生死頃刻必觀敵在何方其方將士難保無虞
以水制之猶設奇取勝之策可爲全吉之局也

重解五行主者山水清純一卦之主也如來龍此

卦與左鄰右舍相雜此謂龍中交戰水神又流出

卦與他卦于東混淆此謂水中交戰挨星又一得

一失裝在水中此謂空中交戰山與水俱屬吉凶

交戰用又半吉半凶如是正龍有不受其傷者乎

前面言水水上挨星若無凶星交戰未可遽言其

凶末二句與公　若來之意同平

先定來山役定向聯珠不相放須知細覓五行蹤富貴

結全龍。

此節單就山上龍神而言靑囊天玉原以來山所受
之氣與向上所受之氣分爲兩局然兩局又非截然
兩路故云聯珠不相放此不可約略求之者也須當
細覓蹤跡若是富貴攸久之地必然來山是此卦而
向首亦是此卦一氣淸純方得謂之全龍耳

姚氏曰山龍大地固有一定之案然眾山排列於前
美惡不齊恐圖美秀之峯以作朝向而失山龍之眞
故先定來山後定向聯珠者兩局同一卦古人事事
精詳莫不皆川深心也

直解先定來山者。先將山上星辰。用得合法山管
人丁。故以山為先也後定向者向首一星禍福之
柄。水主財祿。故以向為後也山向雖有先後之分。
其用則一故云不相放。細覓五行蹤者要在翻天
倒地中細覓也全龍者向首是此一卦來山亦是
此一卦氣質清純陰陽相配此謂之全龍也
五行若然翻値向酉年子孫旺陰陽配合亦同論富貴
此中尋
此節亦上三句言山上龍神下二句言水裏龍神五

行翻值向者五行之正氣值向也翻即翻天倒地之

翻言生旺氣翻從向上生入也山管人丁故云百年

子孫旺而富貴亦在其中矣陰陽配合水來配合也

亦與向上之氣同論但用法有殊耳水管財祿故云

富貴此中尋而子孫亦在其中矣

姚氏曰此言山水二龍剛柔之性各異故曰翻也非

是山龍發丁水龍惟出富貴而果龍真穴的富貴子

孫皆同耳

直解翻即翻天倒地之翻五行值向者天元九氣

之旺星翻值向也。陰陽配合者陽水陰山雌雄配

合元竅相通也。翻倒雖有山水之分其用則一故

曰亦同論此即山水陰陽顚倒顚之意。

東西父母三般卦算值千金價二十四路出高官緋紫

入長安父母不是未爲好無官只豪富

此節發明用卦之理重卦體而輕爻重父母而輕子

息蓋同一生旺而力量懸殊也言東西而南北在其

中矣青囊天玉之秘只有三般卦訣若二十四路不

出三般之兩則貴顯何疑然卦內又當問其是卦之

父母否高官緋紫必。是父母之氣源大流長所以貴

耳若非父母。而但乘爻神子息之旺。則得氣淺薄僅

可豪富而已

姚氏曰猶人能以致君澤民其身乃由父母所出所。

以首重三卦不分父母子息也

直解東西卽日往月來之東西三般卽日月東西

循環往來顚倒顚立空起父母之三般是起父母

之三般卽一時一刻亦不離此三般也蓋一刻為

一時之三般一時為一日之三般一日為一氣之

三般一氣爲一歲之三般一歲爲一運之三般一

運爲三元九運顛倒顚玄空起父母之三般及百

千萬年爲運會元化之三般卦者運有運之卦元

有元之卦也卽一時一刻各有專令主事之卦此

卽一時一刻之三般此卦週流六虛不偏不倚至

公至平無息無息隨時而運行遷謝者也若以三

合爲三般三吉爲三般者眞諦何曾夢見耶．

父母排來看左右向首分休咎雙山雙向水零神富貴

永無窮若遇正神須敗絶五行當分別隔向一神仲子

當千萬細推詳

亦承上文川卦須父母而言父母排來要排來山之

龍脈也。來山屬曲必不能盡屬父母。

子息若何。若子息清純不雜又須向首所受之氣逢

生旺則体。遇衰敗則咎若雙山雙向卦氣錯雜須得

水之外氣悉屬零神尅入相助則雙山雙向爲水神

所制伏而富貴可期矣萬一水路又屬正神則生出

尅出兩路皆空而敗絕不能免矣公位之說乃因洛

書八卦震兌離坎而定孟仲季三子之位隔向一神

猶在離卦之內故云仲子天玉略露一班以為分房

取驗之姬葢言仲而孟季可以類推矣

姚氏曰地雖成局而零正之道不詳必至分房駁雜

出入性情怪僻若心不端貌體帶殘皆出此病也

直解山向乃穴之主腦吉凶萬端從此而出順逆

陰陽從此而分如用雙山五行之山雙山五行之

向卦氣已屬兩家左右順逆仍屬一氣者無碍水

周零神毫無夾雜亦能發福倘所坐所向之方界

乎牛陰牛陽之地水神又在不零不正之間如是

欲謂之左非左謂之右非右謂之正非正謂之零

非零矣山向水神生出尅出敗絶必不能免矣雙

山雙向卦氣既屬不一則九星從何氣而分其陰

陽從何卦而別其順逆當分別者謂當分坐山

得何五行向首得何五行知坐山向首之五行則

某山吉某山凶某水合某水不合不辨而自明矣

所云隔向一神者帝釋是也俗術分房之說都

以左為長右為季而前為仲註云隔向一神猶在

離宮之內蓋指一時一氣一宮一向而言也若時

卷之五 天玉經

運變遷斗轉星移。則隔向一神亦隨之而變易矣

隔向一神既隨之而變易則孟仲亦隨之而更換

斷非左孟右季之呆法也可知矣

若行公位看順逆接得方奇特宮位若來見逆龍男女

失其蹤

承上文仲子一神而概言公位之論順則生旺逆則

死絕然不云生死而云順逆者若論山上龍神則以

生氣為順死氣為逆若論水裏龍神則又以死氣為

順生氣為逆故也

姚氏曰公位者公同之意分房之說也此宮位者乃

云山水各有衰旺之理也

[直解]公位即孟仲季分房之說順逆即往來得失
之屬接得云者蓋現在與將來相接也現在與將
來相接方為奇特如與過去已往者相接便謂之
逆又有半與將來相接半與已往相接亦謂之逆
是有失踪之患矣註中以生氣為順死氣為逆專
指山上排龍而言若論水裏排龍則又以生氣為
得死氣為失顛之倒之所謂水用逆星仍用順即

更看父母下三吉三般卦第一

同此意

通篇皆明父母三般卦理反覆詳盡矣終篇復申言

之若曰千言萬語只有此一事而已無復他說矣蓋

致其叮嚀反覆之意云

姚氏曰其要惟在三卦終篇又明此義耳

重解三吉即一元三吉三般即顚倒顚立空起父

母之三般習是術而不知此三般起父母之奧一

切說玄說妙總屬胡言反覆叮嚀不過反覆詳盡

之意耳

內傳中

二十四山起八宮貪巨武輔雄四邊盡是逃亡穴下後

令人絕

此節反言以見指與起下文之意言一行所作小遊
年卦例以二十四山起八宮而取貪巨武輔爲四吉
若其說果是則宜乎隨手下穴皆吉地矣何以四邊
盡是逃亡穴下後反令人敗絕哉則知卦例不足信
而別有眞機如下文所云也

蔣氏合編　卷之三　天玉經

姚氏曰一行以輔弼二星合於一位而溷挨星不論
何時位位反吟凶固是凶吉亦成凶耳其後人不明
所以又將移於陽宅此為謬中更謬以因不忍世人
被惑故特指出八宅之說不可取信也

八宮卦例以八卦之陰陽分順逆并有以六
十四卦每卦分得八卦定吉凶者亦非也。此節
專論八宮卦例之非恐人誤認故特辨之

惟有挨星為最貴泄漏天機秘天機若然安在內家活
富富貴天機若然安在外家活漸退敗五星配出九星

名天下任橫行

緊接上文卦例旣不可用惟有挨星玄空大五行乃
為陰陽之最貴者天機秘密不可流傳于世但可偶
一泄漏而已安在內不出三般卦之內也安在外出
三般卦之外出卦不出卦禍福迥分安得不貴耶夫
挨星五行非如遊年卦例但取四吉而已蓋八卦五
行配出九星上應斗杓知九星之作用便可橫行天
下無不響應矣卦例云乎哉

姚氏曰天機者三卦用三卦合於龍向水也若詳八

卦五行九星之妙則知何卦合龍何卦合向何卦合

水如何合法而三般卦之在內在外非用挨星不可

蓋因九星司陰陽之機執禍福之權要也其有陰陽

之分生死之氣各別所以山水各有衰旺生死之不

同此生彼死此死彼生生死之氣不別衰旺之機則

混故以九星運化其中而和陰陽生死之機以間山

水衰旺之氣緣陰陽變化無窮而三卦隨之亦變其

局同之更易局之更易陰陽變化不更不易陰陽變

化何能定其不變不化豈有自爲三卦故亦隨之而

變以致局局不同矣其因變化更易之不定生死衰
旺亦亂也以山水衰旺之氣非挨星而不可間陰陽
生尅之機非挨星而不可和撓有可間可和之權以
能領通三卦之理局中變化雖多挨星能引絲絲入
扣如何不貴也然於中挨法不一豈筆墨間可得而鑿
焉余非不欲授人以繼守此天寶留心訪察未得其
人凡有所遇亦有忠正好德之士其口未能三緘亦
有年歲不及亦有皮毛未得心蒲目空亦有言間點
之不省或由居心平常狂妄欺詐情慾太甚浮而不

實義理不明行為輕薄亦有以天地之道視之甚渺。

雖為術學論皆化育之理此以道名誹其人則不援。

而人錯會如沿街賣唱呼入郎可聞哀哉道之義理

已失却從何談起種種之間遇而不遇本欲秘之不

語因見世之論三元者庶幾紛然而言天地支會陰

陽相見但何為交會相見者所不知何能以辨生死

衰�9甚至論三元者兼之三介何與捕風捉影論三

合者強兼三元猶似張冠李戴三元三介天懸地殊

青囊大旨全失陰陽之理自度與世茫然誤人自誤

而為天地日增是非耶。於戲天機立妙之書而為之

掃地矣蔣公成辨正一書辨闢前傳之訛豈知前訛

仍在人又假此書之名復增其偽因三卷青囊被作

偽書之用不得不為再辨不辨偽生辨之仍正丑之

不辨其正必失故而略指一二或有前緣聰慧忠正

誠篤之士易於入與此書之正不失矣余自此再辨

之後非但不授於人抑且不啟言及天地之機也。

重斁法將得時得令之星安合時合局之水謂之

安在丙自有富貴之應若令星不得其所謂之墓

雪心合纂　卷之三

在列自有退敗之患在山在水一同論也五星配
出九星即八卦配出九宮九宮分作三元如此推
度行平天下無不響應執定卦例之說者宜細推
之方知此是彼非所云最貴者謂法之最貴也得
傳之後切不可洩漏天機輕示非人以招造物之
忌也是法始于晉盛于唐自五代及宋元注書立
說者數千百家諸法雜出以偽亂真紛紛聚訟龍
蛇莫辨于足有心者無所依歸求食者藉爲憑信
如是則偽者日熾盛真者日益失矣

于維乾長巽坤壬陽順星辰輪支神坎震離兌癸陰卦。

逆行取分定陰陽歸兩路順逆推排去知生知死亦知

貪留取斂兒孫

此節分出立空大卦于支定位以足前篇父母子息

之義四維之卦。以天于為主者也子維曰陽四正之

卦以地支為主者也地支曰陰此陰陽非交媾之陰

陽也知卦之所主則父母子息不問而自明矣其陰

陽兩路每一卦中皆有陰陽兩路可分非將八卦分

為兩路何者屬陰　何者屬陽也其順逆推排即陰陽

兩路分定之法，非乾艮巽坤爲陽順，坎震離兌爲陰

逆若如此分輪則皆順也，何去逆乎至于四卦之本

各綴一字曰壬曰癸此又挨星秘中之秘可以心傳。

而不可以顯言者也。

姚氏曰四正四維各有兩路分用非以四正從癸四

維從壬亦非言壬癸分爲順推逆排也。

【直解四維之卦以乾坤艮巽爲主四正之卦以子

午邜酉爲主知卦之所主卽知卦之父母子息矣。

知此卽知河者屬陽何者屬陰空中分陰陽定五

行辨順逆之法得癸所言子癸是隨時而在之壬。

癸非方位于支之壬癸卽在在之壬癸亦有陰陽

兩路可分常細細揣之自得在氣不在方之訣矣

○乾坤艮巽子午卯酉皆卦之中氣卦之中氣爲

父母偏傍兩爻爲子息

天地父母三般卦時師未曾話玄空大卦神仙說本是

經訣不說宗枝但亂傳開口莫胡言若還不信此經

復古人墳

地曰東西曰父母曰玄空曰挨星異名而同義

若于字義屑屑分疏則支離矣此節蓋恐學者得傳
之後以為太易而輕忽之故極言贊美以鄭重其辭
非別有他義也說到覆古人墳是徵信實著子得有
以來洞徹玄空之理今故注此經文駁前人之謬而
證之將來深信其一毫之無誤自許心奚古人而可
捷了當略無畏縮皆取信于覆古人墳蓋驗之已往
以告無罪于萬世矣。

姚氏曰覆舊之驗固可明達貿次然古今所葬公卿
之眺徒有塊墼之大鋪設異觀而已須覆其祭公卿

之地方有補益然不明青囊之妙以耳為目雖覆萬

塚愈增疑惑罷能知玄空大卦何必覆之於舊耶

〔直解〕天地即干支父母是變易干支之父母三般

即一四七二五八震乾離之三般宗枝者起父母

之宗枝也起父母之宗枝若不從此三般便是偽

法然此三般卦訣秘密深藏貴在心傳難以言顯

楊公說道覆古人墳益驗之已徃即可証之將來

深信其一毫無訛耳

分卻東西兩個卦會者傳天下學取仙人經一宗切莫

亂談空。五行山下間來由入首便知蹤。

此亦叮嚀告戒之詞而歸重于入首益入首一節。初

年立應尤不可不慎也。

如氏曰此言入首挹要公云初年立應而且後則不

言可知耳東西兩卦已証上篇矣

直解分者卽分遷行不息之氣也運行不息之氣

益以來者為西往者為東陽者為東陰者為西動

者為東靜者為西非世俗以坎離震兌分東兩也

又非以十二支左兼右兼水法之左到右到分東

陰氣傳移隨
時變動於育
定名從其定
位動輒生殊
靜極生動極
生陽動則靜

之源陽動陰
之作能從陰
之來陰即陰
陽動靜即止
分出果然來
堪輿徃徃見
下卦起法自
得

西也兩個是言隨時而在之陰陽也苟能分得在

在之陰陽則知此陰彼陽此東彼西之兩個矣曉

得此兩個定卦分星之奧下卦起星之訣畧見一

班矣

分定子孫十二位災禍相連值千災萬禍少人知剋者

論宗枝

此節直斜時師惻認子孫益子孫自卦中分出

位位不同豈如俗師千從支配十二二十四路止作

十二位論若如此論法必致葬者災禍相連值矣既

遭災禍。而俗師終不知所以災禍之故。胡猜亂猜。或

云⼲凶。或云⽀凶。總非眞消息也。夫災禍之發。乃龍

氣受剋所致。而龍氣之受剋實不在⼲⽀蓋有爲⼲

⽀之宗者焉。所謂父母是也。知其宗之受剋則知⼲

⽀亦隨之而受剋所以不免災禍⽿。深⾔十二位分

⼦孫之說之謬如此

姚氏曰此因三合之書派定十有二局以至牖⼈而

三元之局固多不明除陽淨陰之道以同三合無異⽿

作十二位論陰陽辨順逆總由不知顛倒顛立空

起父母之宗枝也立空起父母之宗枝二十四山

陰陽不一顛倒無定隨氣運行隨時變易者乃是

眞立空眞陰陽眞五行也若拘泥呆法硬派某干屬

陽某干屬陰者斷非知音之輩也

五行位中出一位仔細秘中記假若來龍背不眞從此

談千人

此節又詳言出卦不出卦之密旨蓋同一出位而有

卦內卦外之不同若在卦內則似出而非出若在卦

外則真出矣此中有秘當密記之在卦內則龍骨

真在卦外則龍骨不真矣。

姚氏曰卦中出位既有可出必有不可出也而同一

出位兩福迴別以地理而論為之去凶取吉如以命

理而論乃為去殺留官非於四柱之中但有官煞自

竟取官為用其煞豈能俯首聽命而自去也且格中

既已生成何能任人自擇以為取去焉須其煞被制

制之無氣方可以作此論官煞皆在有氣乃是煞官

混雜耳卽此亦從俗論但排命全屬子虛欲知本末

終始必明其原方由人裁取三才卓立所共一氣而

有清濁之分氣之流行與人氣潛應胎元山氣而胚

善冒之性成此所以造命於天其曰性命落地之時

如物成出士而物之貴賤早已生就矣故有同日共

時窮通壽天而不同之至於地理古今而能取信於

人者可如其原由人自取耳而雖其天運看其山水

酌其雌雄交媾合其年月日時止刻能定考其星曜

參其吉凶以靜合動以資配質初年鬵福天時應歲

久方知地有權取吉莫不應之於吉矣而每有大地

不能吉應否則禍福雜出在人取用不明應廢所至

如庸醫之方惟欲其病自往就其之藥焉然庸醫用

藥。非醫一人即殺一人。俗師看地。非做一葬即殺一

家。若是如此。世人不敢領教古今俗師庸醫早經盡

絕。所謂殺則止殺矣若明陰陽之道雖在出位出人

去取似不害其吉也而造命成性在父母亦不知於

何時夫天下亡大同此一呼吸之間其得孕者豈少。

然又有不同焉緣人之存念不一受陰陽氣之不同。

內分厚薄以有賢愚成而不成者也

直解地卦不出天卦不合即謂卦外地卦出而天
卦不出。是謂卦內卦內云者在天心生旺之卦凶
也出一位即巳丙亥壬申庚寅甲之出一位曉得
出一位之真訣隨手拈來無非妙用所謂不真者
非龍脈右骨水口種種之不真是換星訣之真不
真也如不得真訣所談豈止千人而已哉。細按
此節則知拘拘於一卦清純者非也即雙山三合
不論水法之出與不出惟用長生冠帶排着吉者
則吉凶者則凶亦非也

一個排來千百個莫把星辰錯龍要合向向合水水合

三吉位合祿合馬合官星本卦生旺尊合凶合吉合禍

瑞何法能趨避但看太歲是何神立地見分明成敗定

何公位三合年中是

一個排來變化不一故有千百個也龍向水相合前

篇已盡祿馬官星在本卦生旺則應不然則不應此

見生旺為重而祿馬官星在所輕矣

姚氏曰龍向水三者缺一不可所謂在合也於中用

法局局不同地有三結加以偏正饒減故而變申又

化至有千百之多惟以卦理合之禍馬官星是所輕

耳而三合者乃言禍福之應後人竟兼三合川之三

合亦兼三元皆因此書立妙太深後人無從捉摸想

到出神入化之時上文成敗定斷何公位隨日常過

本句年中是甚至讀破而用之可為草木皆兵矣一嘆

直解合而為一散而為九縱橫顛倒流轉星辰變

易不一陰陽無定千百個者甚言陰陽之千變無

窮也星辰錯非為合官合貴之錯正言不合生旺

之錯龍向水都合生旺再合之以官貴自然應驗

倘不合生旺空堆祿馬貴人有何蘊哉所言太歲

三合總論錯不錯之應驗也。

排星仔細看五行看自何卦生來山八卦不如踪八卦

九星空順逆排來各不同天卦在其中。

五行總在何卦中生不在干支中定所謂父母子息

也不知八卦踪跡從何而來則九星無處排矣益星

卦之順逆各有不同即此一卦入用或當順推或當

逆推有一定之氣而無一定之用所謂天下諸書對

不同也要而言之則玄空三字之義盡心矣。

祖也而陰陽失一。由何而生陰陽豈有自爲孤獨之

理乎

(直解)所言甲庚是來何地洛何宮隨氣變易之甲

庚非東甲西庚之方位。如拘於東西甲庚之方位

則二十四山宜有一定。何來有時占陽有時奐陰

之更變邪讀者切莫誤認。上三節總是空中分

陰陽定五行之法

東西二卦眞奇耦須知本向水本向本水四神奇代

著緋衣

此節又重言向水各一卦氣兼收生旺之妙向上有

兩神水上有兩神故曰四神。

直解 二卦者山有山之卦氣水有水之卦氣山有

山之用法水有水之用法也本向本水者水得本

元之水向得本元之水向上有兩神水上有兩

神此謂四神四神當在陰陽交會上推算不在

別處也水得本元之水自無上山之患山得本元

之山自無下水之病矣。

水流出卦有何全一代作官員一折一代爲官祿二折

三代福。三折福父母共長流。馬上錦衣遊馬上斬頭水出

卦一代爲官罷。直山直水法無翻塌務小官班。

水不出卦須折折在艾母本宮。若折出本宮雖折而

後代不發矣馬上斬頭即一折爲父母便流出卦如斬

頭而去也本卦水又以曲折爲貴乃許世代高官。若

止直流雖然本卦而官職卑矣。

姚氏曰此言局之大小。其水折折有情不出父母之

卦大地無疑。如一折出卦否則直流而去局之小。

承上本向本水向水雖合俗有辨別耳。

直解此節專言曲水之吉凶水有一兩曲者有八
九曲者經云水曲則氣動水折則氣活水法雖以
曲為吉然曲多則易犯出卦必須曲曲折折都在
一氣之內一宮之間方為上吉錦衣玉笏者甚言曲
而不出之吉也如一曲一折便屬零正既濟陰陽
夾雜即為出卦亦有近水清純遠水雜亂者亦有
遠水清純而近水錯雜者亦謂之出卦的有一代
之應驗也所謂場務小官者是言直來直去之應
驗也

丙傳下

乾山乾向水朝乾，乾峰出狀元。卯山卯向迎源水，驟富

石崇比。午山午向午來堂，大將值邊疆。坤山坤向水坤

流，富貴永無休。

此明玄空大卦向水兼收之法，舉四山以例其餘，皆

卦內之清純者也。乾宮卦內之山作乾宮卦內之向，

而收乾宮卦內之水，則龍向水三者俱歸生旺矣，非

回龍顧祖之說也。或云狀元，或云大將，或云驟富者

亦錯舉以見意不可拘執

姚氏曰此言龍向水須與卦合合則無不吉應故引為喻以狀元大將富貴兼說文武皆輔朝廷治國也無輕重之分猶陰陽順逆之道也而文臣之後亦出其武武將之後亦出其文乃陰陽變化之理也且一朝而有一朝之人物惟由天運其機俗師何知止曉指形說象分文辨武如痴如醉似病似狂煽惑一班若昏若迷猶死之愚夫要文嫌武安想富貴殊不知富貴皆從為德而來既能為德何愁無地以待為文為武自有氣機所化何能以定卿其地之

吉凶惟在三卦之內。三卦之外以分去取人之重文

輕武不明義理之論也

直解乾山者乾運卦內之山也乾向者乾運卦內

之向也乾水乾峰者水亦乾運卦內之水峰亦乾

運卦丙之峰也然非坐水之說其訣可以一語破

者向上水上之星卽山上之星也。

便翻身

辨得陰陽兩路行五星要分明泥鰍浪裏跳龍門渤海

陰陽兩路上文屢見此重言以申明之耳下二句言

變化之易。

姚氏曰此節咏嘆上文之意惟言陰陽變化之妙耳

直解即辨立空變易之陰陽辨清立空變易之

陰陽自曉陰陽順逆之兩路矣既識兩路再辨山

上水裏之宜忌氣運消長之得失陽水陰山之配

合兼貪兼輔之得宜自能一葬便興魚龍變化於

頃刻間也

依得四神為第一官職無休息穴中八卦要知情穴內

卦裝清

前篇本向本水四神奇是姑置來龍而但重向水此

節穴上八卦要知情又從穴上逆推到來龍以補四

神之不及穴上是龍穴內卽向也。

姚氏曰上文龍要合向向合水此節有穴上穴內之

句後人著眼於此必欲用之竟有俗師而將壼門另

設一向以湊不獨兩向已得抑且上丙亦合否則隔

宮取向可稱百孔千瘡窮思極想無出其之有也而

如人嫌水濁投塔而攪之水可澄淸見者效而爲之。

不知其爲塔也惟見其色取麵投之則愈攪愈渾而

成麫湯慮虔猶少加而攪之竟爲麫漿矣。其始初僅

知是麫日久霉生麫跡皆没以至月迷五色何異二

向之爲也。所云兩向中隱奧義穴上穴內而有挨星

之法用取三卦之理方得一氣相貫。故須逆推來龍。

以詳四神及與不及之意。其論三元者不明三卦之

用。又爲一墳兩向之續矣。然世間可爲之事頗多必

欲以天地惑人者。殊爲不解耳。

直解依著承上文而言也。上文專言向水上之四

神。此節兼山向水而言也。穴中指山穴而言水山

上水裏各有兩神。故曰四神。此四神。先要曉得何
山得何五行。何水得何五行細細裝清。方知。山上
得何兩神向首得何兩神。水裏得何兩神如是可
得四神之捉訣矣。

要求富貴三般卦出卦家貧乏寅申巳亥水來長五行
向中藏辰戌丑未叩金龍動得永不窮若還借庫富後
貧自庫樂長春。

前篇申庚壬丙一節是四正之卦此節又補四隅之
卦觀此則支水去來凶之言當活看不可死看矣辰

戌丑未雖俗云四庫其實立空不重墓庫之說借庫

出卦也自庫不出卦也是重在出卦不重墓

庫也

姚氏曰所貴在此一動動則活矣而不在墓之不墓。

動雖間有人知惜乎不明卦理以同消詳穴法之用

其川不明雖動無益古凶何能可定而至貴惟氣庫

乃藏貴物之所如以庫言則二十四路皆是庫也

直解寅申巳亥辰戌丑未俱屬四維之爻神論卦

本屬一氣即大五行亦同一體向中藏者是言水

裏龍神得與失也。得爲動又謂自庫不得卽謂出

卦又謂借庫借庫自庫不問水之去來總要得五

行生旺之氣不必拘於庫與不庫也。○時師一見

水來便云立某向收某方水來爲長生水到堂左

水到右者當立陽向如右水到左者當立陰向長

生宮旺方水宜來衰病死絕方水宜去去處必須

辰戌丑未方便爲歸庫九州一例中外皆然深可

痛哉。

大都星起何方是五行長生旺。大旆相對起高岡職位

在學堂捍門官國華表起山水亦同例。水秀峰帝出夫

官四位一般看。

此節言水上星辰。卽山上星辰。只要得生旺之氣在

山在水一同論也。

姚氏曰旺氣山此爲捍門也。

〔直解〕此節言山上水裏左右功曹龍虎案扥捍門也。

華表貴得生旺之氣在山在水一同論也。

坎離水火中天過龍埒移帝座寶蓋鳳閣四維朝寶殿

登龍樓跱刧弔殺休犯著四墓多銷鑠金枝玉葉四孟

裝金廂玉印藏。

坎離水火一句乃一章之所重其餘星宿總是得生
旺則加之美名逢死絕則神爲惡曜名非有定星隨
氣變者也

姚氏曰水火爲治功有陶成星宿皆隨其氣之化也
而有論者以罡刼爲逢五之對待水弔煞乃罡刼之
三合也非是罡煞辰戌也弔刼丑未也因有不可犯
之義存焉而古今多少聰明特達之士皆被三合所
誤代爲一嘆升

餘星宿名非有定星隨氣變者也

帝釋一神定縣府紫微同入武倒排父母養龍神富貴

萬餘春

帝釋丙也八武王也紫微亥也帝釋神之最尊故以

縣府名之其實陰陽二宅得此貴之極矣然其妙用

在乎倒排非正用也

姚氏曰雖云三位極貴至吉亦須參明而取未可概

歷也

辨正合編卷之三

直解中天過移帝座即江南龍來江北望之意其

直解註云最尊最貴貴不在乎帝釋而貴在紫微。

與八武同到也然其妙用在乎倒排非正排也所

云倒排卽顚倒顚之倒排非左到右到之倒排也。

識得父母三般卦便是眞神路北斗七星去打劫離宮

要相合

上二句。引起下文之義言識得三卦父母已是眞神

路矣猶須曉得北斗七星打刼之法則三般卦之精

髓方得而最上一乘之作用也北斗云何知離宮之

相合卽知北斗之義矣。

姚氏曰能明離宮之合立機盡得矣而自右不肯指

明因畏違天戒耳

〔直解〕父母是經四位之父母三般是次至巽巽至

兑兑至坎顛倒顛之三般知此顛倒顛立空起父

母之三般便是大立空之神路矣北斗者隨時立

極之氣也隨時立極之氣日从月來星移斗轉縱

橫顛倒總由此而使然也七星者出現在而逆推

到第七祖此處五行正與立極之氣相反最易發

禍要相合者要使發禍者變而爲發福相反者轉

而為相合也。

子午卯酉四龍岡作祖入財旺水長百里佐君王水短

便遭傷

例推矣水短遭傷以見出卦之故

取子午卯酉以其父母氣旺也言四正則四維可以

直解四正之卦以地支為主四隅之卦以乾坤艮

巽為主山水二龍均以此為父母也○此節專辨

山水二龍干支卦位之父母子息以辨力量之輕

重也

識得陰陽兩路行富貴達京城。不識陰陽兩路行萬丈

火坑深

此節顛顛倒之意。皆上文所已言而詠嘆之

姚氏曰此兩節皆承上叮嚀之意

直解此識得二字朗明對習術者而言也識得即

識隨時而在之陰陽曉得隨在之陰陽陰陽二宅

自能得心應手名並管郭流傳千古也倘不識此

訣胡行亂作火坑之深淺豈可窮其丈尺也哉

前兼龍神前兼向聯珠　莫相放後兼龍神後兼向排定

陰陽算明得得零神與正神指日入青雲不識零神與正

神代代絕除根。

龍神向首皆有兼前兼後之法兼者父母兼于息子

息兼父母此節正神零神之義

姚氏曰猶言零整切要之意故又明之耳。

直解前兼後兼即顧前顧後之意前兼者向上排

龍也向上既得生旺排到來山又生來山之生旺

此謂之前兼後兼者山上排龍也山上既得生旺

排到向首又生向首之生旺此謂之後兼前與後

零與正陰與陽總要排定何處得零何處得正分

別陰陽前後推算得失也

倒排父母是眞龍子息達天聰順排父母倒子息代代

人財退

父母子息皆須倒排而不用順排如旺氣在坎癸倒

排則不用坎癸而得眞旺氣順排則眞用坎癸而反

得殺氣矣似是而非毫釐千里立空大卦千言萬語

惟在于此

姚氏曰已証奧語顚顚倒一節之內矣

直解註云旺氣在坎癸倒排則不用坎癸而得眞

旺氣者讀者須從廉武上去推求順排則眞用坎

癸而反得其殺氣看五六不知到何卦位耳

一龍宮中水便行了息受艱辛四三二一龍逆去四子

均榮貴龍行位遠主離鄉四位發經商

此節又申言本卦水須折折相顧若一折之後便出

本卦雖然得發必受艱辛癸必三四節逆去皆在本

卦乃諸子齊發也位遠即出卦一出卦即主離鄉若

出卦之後又還歸本卦反主爲商得財而歸其應驗

之不爽如此

姚氏曰此言取水之要。須不出父母之卦果是大地。

順來既好逆去亦必合卦逆去如出父母之卦難無

成敗之變立局合格尚有經商之望也

直解一龍者一節水也一節之後便流出卦子孫

雖發必受艱辛四三二一龍逆去者巽震坤坎逆

流而去也位遠離鄉言近水既流出卦略還又還

歸本卦兒孫自有此應。

時師不識挨星學只作天心摸東邊財穀引歸西北到

南方推老龍終日卧山中何嘗不易逢止是自家眼不

的亂把山岡覓

東邊財穀二卦託喻即江南龍來江北望之義立空

妙訣也嘆息世人不得眞傳胡行亂走自戕言乎

姚氏曰挨星之學知者鮮矣如江之隔以限東西南

北無有寶後未易可登彼岸每縱一葦於萬頃雖遇

而非其人於是未濟而今念絕以沉其舟也奈人之

緣薄且渺問津而將道側之杏村視作桃源佳境空

自衒馳未覩桃花之顏色因見徒勞敲把金鍼而罷

地理合璧　卷之五

度以待漁郎之自入耶其老龍日卧為候積德之人

能入桃源之路前因亦善須知天律有禁愼重擇人

宜堅其心而敬謹守此天寶也

[直解]東引西歸北到南推二語眞青囊之秘天玉

諸書之奧矣老龍者是立空運行之龍也立空運

行之龍自有立空尋覓之法反從山岡上去尋覓

何異刻舟求劍哉

世人不知天機秘洩破有何益汝今傳得地中仙立空

妙難言翻天倒地更立立大卦不易傳更有收山出煞

或以他疾而廢有議者曰凶黠真穴所至此愚婦之
識見俗師惑世之言也而天地既以青囊傳世原欲
人之識真既使人之識真必欲人之用假用真則惑
我想天地豈有反覆而誘人犯法之理乎其由雖得
皮毛之理不明天理之理利名心甚假此惑人之所
至或以偽法愚人者其因先喪天理之所至也而世
人此知求地富貴可得然富貴未嘗不從於佳壤必
須先求已之心所謂種德也其太極陰陽五行吉凶
禍福莫不具之於此地能體天地之道惟行其德天

地早生吉地而備之以待合而為一太極也而青囊
未顯之前歷朝之出大賢名宦其地從何而擇自有
鬼神以告知也如人不求於心而求之於地者以望
富貴心朒已愚真矣何能可得耶而為聖為賢為宰
為富皆出祖功宗德之蔭所以朝廷有追封三代之
典其祖某其父某以揚其德也而不明此理妄欲求
孤何異夫之奠齋念佛向泥塑之形以壽福澤乎
然既肯誦經五經四書時時可讀欲效素餐飲食自
可節減人欲禮拜先聖先賢日日可拜損資修廟文

廟先賢之祠年年可修布施爲善濟世之道顧多何

不移之於此富貴皆從此出且使子孫看之效之簪

縱亦可不絕至聖孔子三才中一大教至也其尊顯

敎之爲乃背本敎之眞自先以反其敎天地之所不

容何能妄思其福也而有歸罪於僧道以其煽惑此

論大非其身已入其門如無此爲衣食之計何著不

得不然之勢實出愚夫妄想自投入網耳至如佛敎

由於漢明帝始興毫無可考罷之不論至於道者乃

道德之道後人以假此義而爲道敎之端矣因詆此

筍求地種德請以德字言之今將太上感應篇之義

略釋數語。以解天下後世人之惑太上首言立德不

言其道道者人所公共五一太極也德者在人自爲

不言其惡願人爲德聖人作易以貴陽賤陰也因清

氣成天濁氣爲地既。伹濁禍福從此而出矣故感

應篇首言曰禍福無八日名禍福乃言清濁之

氣清氣爲陽爲吉濁　　陰爲凶天地間禍福現成

不藏任取曰人三才卓立以言三綱之重此中明人

得清濁之氣而成其形則清濁之氣與人刻不相離

而人之念有所動乃氣之流行雖動於念實由其氣

此念之動皆因眼耳目鼻或視其物或聽其聲或辨

其味或聞其氣以致念動其眼耳目鼻未氣之往還

之所也而念之動皆因其氣之所爲如念之動爲德

德乃主陽而陽氣自應若念之動爲惡惡乃主陰而

陰氣自應門者限也唯者乃言其人之氣自與陰陽

之氣相通一呼一吸莫不同之如影隨形故無其眼

人之禍福天地亦不至之其在德惡之爲

三尸神者三乃三才尸者體也神者氣也乃言天地

與人雖具三體其氣如共一日承上禍福自召之義
也而庚申日者庚申之位位已在西乃言日行至此
落山在卽爲德者更須自保莫以片刻之間有失一
日之功而爲惡者尙可自收猶有陽光之在如再執
迷其日頃刻西墜陽光全無盡爲陰氣矣乃以一日
而此人之一世也竈神者上文已詳三才三綱之道
惟竈備五行之全缺一不可乃言五常之要也其炊
爨在此人賴爲生五常有失如竈之不能其食無食
則死承上文算減則貪耗算盡則死之義云月晦者

辨正

卷之七王天玉經

乃一月之欲盡以一月比人之一世也而傳有逢庚
申日之夜不卧以守謂之欲滅三尸甚矣既然巳具
人形何以冥頑不靈之至此耳又曰欲求天仙者當
立一千三百善欲求地仙者當立三百善而仙之分
天地者言德之大小也人之望天可至百千萬里凡
有風雲變態衆所共見共知猶言其德無分賢愚男
女老幼皆知其名也而人看地人在此止見此處之
地雖憑高遠眺亦惟數十百里於中景界不能分明
須待人說方知猶言其德雖有人知其名尚有不知

之意。而取爲仙者乃言世間所見之質惟山至隆。

能爲德乃是世間最高之地步爲德之道比人如在

山巔行動刻防有失所聽三籟所見崗林所聞清氣。

所食野蔬仰望惟天。所以此知其德。俯視莽莽而莫

辨以至七情不亂六慾皆除情慾一絕修德日隆而

人望之如與天齊故以仙喻而曰長生者乃身死名

之常存如同於不死百千萬世皆知此人所謂與天

地同休矣其在聖賢不圖身前之樂以爲樂而忠臣

義士之不顧其身家者以得長生之道也其天仙地

仙者如聖人賢人之分也所云一千三百之數乾坤
三交化育萬物本生於一氣一比聖三比賢益賢人
出於聖人之教成也以千百之多寡而喻德之大小
非指爲德之眼數耳其下文云慈心及物慈者善也
善者德也故目惟善以爲寶一心比之爲德也及物
者物尚愛及何況於人乎此言爲德之至以將太極
天地而比之云天下億兆萬世之蒼生均賴其德之
化育也此逼篇之義全是說仁義講道德言三綱五
常之大道也而屢見好事者妄爲註釋全失篇中

自反引龍言怪事煽惑人心並勸與齋念佛以與邪

教之端喪心病狂胡言亂道而誤盡天下之蒼生者。

皆由此輩腐儒之為禍首也以至引誘愚人失時廢

業盲修瞎煉無所而不為甚至妄想成仙哀哉竟不

知天地之為何物也几世人欲求長生以同福澤惟

有是道則進非道則退。不履邪徑不欺暗室積德累

功慈心於物忠孝友悌正已化人捨此之外別無他

法奈故而通替與衷惟於德惡之間以定其之長促

此。至邪地學歸為術家之書通三才之道日儒楊曾

廖賴蔣講蔣公諸前輩背其鄉井行遊天涯若以諸

公之學以圖其利而從己之私欲者何難之有哉而

作此為其有以也因既明於理理中有情情亦人之

所重鄉黨難免無求內閣德惡之間允辭兩碍於是

甘受貧苦萍踪浪跡所以亦得長生之道也如不明

先賢之心何能以會先賢之意余因幾世單傳人事

何敢不盡現緣一千年幼且又在家貧至被絆足為

此曲受磨折以竭己之微忱而不得效諸前輩之遊

遙惟有自嗟自嘆耳荔諸家數學之書願世人之

近為妙其悟不明誤人自誤參之得徹存誤事業亦

有好昌斯道者至要除其情慾首重別其德惡其能

如此個中之理必可得若不先明於人事奚能知其

天地之道乎因此敬釋感應篇數言淅附以告天下

後世焉

[戒語]此法造物之所忌先師之所秘恐人輕淺故

於篇終特又叮嚀教戒之耳穩口穩口無取災禍

地理辨正再辨血解卷之三終